PHILIPPIKA

Marburger altertumskundliche Abhandlungen 54

Herausgegeben von
Joachim Hengstl, Torsten Mattern,
Robert Rollinger, Kai Ruffing
und Orell Witthuhn

2012

Harrassowitz Verlag · Wiesbaden

Christoph Schmetterer

Die rechtliche Stellung römischer Soldaten im Prinzipat

2012
Harrassowitz Verlag · Wiesbaden

Bibliografische Information der Deutschen Nationalbibliothek
Die Deutsche Nationalbibliothek verzeichnet diese Publikation in der Deutschen Nationalbibliografie; detaillierte bibliografische Daten sind im Internet über http://dnb.dnb.de abrufbar.

Bibliographic information published by the Deutsche Nationalbibliothek
The Deutsche Nationalbibliothek lists this publication in the Deutsche Nationalbibliografie; detailed bibliographic data are available in the Internet at http://dnb.dnb.de.

Informationen zum Verlagsprogramm finden Sie unter
http://www.harrassowitz-verlag.de

Gedruckt auf alterungsbeständigem Papier.
Druck und Verarbeitung: Hubert & Co., Göttingen
Printed in Germany

ISSN 1613-5628
ISBN 978-3-447-06727-0

Inhalt

Abkürzungen

Primärquellen

Amm.	Ammianus Marcellinus
App. civ.	Appianos, Bella civilia
C	Codex Justinianus
Caes. civ.	Caesar, De bello civili
Cass. Dio.	Cassius Dio
Cic. Balb.	Cicero, Pro L. Balbo
CT	Codex Theodosianus
D	Digesten
Dion. Hal. ant.	Dionysios Halicarnasseus, Anitquitates Romanae
Gai.	Gaius, Institutiones
Gell.	Gellius, Noctes atticae
Inst.	Institutiones
Jos. bell. Jud.	Josephos, Bellum Judaicum
Liv.	Livius, Ab urbe condita
Paus.	Pausanias
Plin. epist.	Plinius minor, Epistulae
Plut.	Plutarch
Pol.	Polybios
PS	Paulus, Sententiae
SHA Did.	Scriptores historiae Augustae, Didius Iulianus
SHA Sept. Sev.	Scriptores historiae Augustae, Septimius Severus
Suet. Aug.	Suetonius, divus Augustus
Suet. Tib.	Suetonius, Tiberius
Suet. Cal.	Suetonius, Caligula
Suet. Dom.	Suetonius, Domitian
Tac. ann.	Tacitus, Annales
Tac. hist.	Tacitus, Historiae
UE	Ulpianus, Epitome
Veg. mil.	Vegetius, Epitoma rei militaris
Vell.	Velleius Paterculus, Historiae Romanae

Quellensammlungen

BGU	Ägyptische Urkunden aus den Museen zu Berlin: Griechische Urkunden
ChLA	Chartae Latini Antiquiores
CIL	Corpus Inscriptionum Latinarum
CRRS	Corpus der Römischen Rechtsquellen zur antiken Sklave rei
FIRA	Fontes Iuris Romani Anteiustiani

RMD	Roman Military Diplomas
SB	Sammelbuch griechischer Urkunden aus Ägypten

Sekundärliteratur

AJAH	American Journal of Ancient History, 1976ff.
ANRW	H. TEMPORINI/W. HAASE (Hrsg.), Aufstieg und Niedergang der Römischen Welt, Berlin 1976ff.
APF	Archiv für Papyrusforschung und verwandte Gebiete, 1901ff
BRGK	Bericht der Römisch-Germanischen Kommission, 1904ff.
BIDR	Bullettino dell'istituto di Diritto Romano, 1888ff.
DNP	H. CANCIK/H. SCHNEIDER, Der Neue Pauly, Stuttgart/ Weimar 1996ff.
JRS	Journal of Roman Studies, 1911ff
Iura	Rivista internazionale di diritto romano e antico, 1950ff.
NJA	Neue Jahrbücher für das klassische Altertum, 1898–1924
RE	G. WISSOWA/ A. PAULY/ W. KROLL, Paulys Realenzyclopädie der classischen Altertumswissenschaft, Stuttgart 1890–1978.
REL	Revue des etudes latines, 1923ff.
RhM	Rheinisches Museum für Philologie, 1827ff.
SDHI	Studia et documenta historiae et iuris, 1935ff.
SZ	Zeitschrift der Savigny-Stiftung für Rechtsgeschichte, Romanistische Abteilung, 1880ff.
TR	Tijdschrift voor rechtsgeschiedenis, 1918ff.
ZPE	Zeitschrift für Papyrologie und Epigraphik, 1967ff.

Allgemeine Abkürzungen

Diss.	Dissertation
Fn.	Fußnote
FS	Festschrift
Hrsg.	Herausgeber
hrsg. v.	herausgegeben von
Kap.	Kapitel
n. Chr.	nach Christus
NF	Neue Folge
Nr.	Nummer
S.	Seite
v. Chr.	vor Christus

Vorwort

Die vorliegende Arbeit wurde 2005 von der Rechtswissenschaftlichen Fakultät der Universität Wien als Dissertation angenommen.

Mein Dank gilt Michael Memmer, der mich als Betreuer beim Verfassen dieser Arbeit mit kompetentem fachlichen Rat und wohlwollender persönlicher Unterstützung begleitet hat.

Weiters danke ich Joachim Hengstl für die Aufnahme meines Werkes in die Reihe „Philippika“ und für seine geduldige Hilfe bei der Druckvorbereitung.

Da die Publikation von Dissertationen in Österreich – anders als in Deutschland – nicht verpflichtend ist, habe ich mich erst einige Zeit nach der Approbation dieser Arbeit auch zu ihrer Veröffentlichung entschlossen.

Für die Druckfassung wurde der gesamte Text – wenn auch nur in Details – überarbeitet und die bis Ende 2010 erschienene einschlägige Literatur berücksichtigt.

Wien, im Februar 2012 *Christoph Schmetterer*

I. Einleitung

Das römische Heer der Kaiserzeit nahm im Gefüge des Imperium Romanum einen herausragenden Platz ein. Selbstverständlich war das Heer das Instrument der Expansionsschübe im frühen Prinzipat (insbesondere unter Augustus und Trajan) und auch in jenen Phasen der kaiserzeitlichen Geschichte, die nicht von besonderer Expansion gekennzeichnet waren, hatte die Armee mit der Verteidigung des Reiches eine entscheidende außenpolitische Aufgabe (wie sie durch die Errichtung des Limes ab Hadrian verstärkt institutionalisiert wurde). Abgesehen von diesen traditionell militärischen Aufgaben spielten die aktive Armee wie auch die Veteranen eine ganz zentrale Rolle in der Romanisierung des Imperiums. Schließlich bildete die Armee einen der entscheidenden Faktoren in der Innenpolitik der Kaiserzeit. Schon Augustus' Stellung als Alleinherrscher war aus den Siegen seiner Armeen in den Bürgerkriegen hervorgegangen. Dass die Armee Kaiser machen konnte, zeigte sich in den beiden Drei-Kaiser-Jahren und noch mehr in der Epoche der Soldatenkaiser. Dass sich die Kaiser bewusst waren, wie bedeutend die Armee für ihre Herrschaft war, wird exemplarisch im berühmten Rat des Septimius Severus an seine Söhne und Nachfolger deutlich, sie mögen einig sein und die Soldaten reich machen, sonst müssten sie sich um nichts kümmern.[1]

Daher ist es eine relevante Frage, wie die rechtliche Position (und damit auch die Lebensumstände) der Soldaten ausgestaltet waren. Ziel dieser Arbeit ist es, die rechtliche Stellung römischer Soldaten zu untersuchen. Insbesondere ist dabei zu berücksichtigen, inwieweit Soldaten gegenüber Zivilisten benachteiligt oder privilegiert waren, und zu fragen, was die Gründe für diese Unterschiede waren.

Als Beginn des untersuchten Zeitraumes kann nur die Regierungszeit des Augustus in Betracht kommen. Seine Alleinherrschaft war für das Imperium Romanum insgesamt, wie auch für die Armee durch die Entstehung des Berufsheeres, der Beginn einer neuen Epoche. Viele Besonderheiten in der Rechtsstellung der Soldaten im Prinzipat wurden von Augustus selbst grundgelegt – wie etwa das Heiratsverbot oder das *peculium castrense*. Andere entstanden erst unter seinen Nachfolgern – so beispielsweise die Vergabe von Militärdiplomen seit Claudius. Den vorläufigen Endpunkt ihrer Entwicklung fanden viele militärrechtliche Institute in der Severerzeit. Aus dieser Epoche sind auch die meisten juristischen Abhandlungen erhalten, die sich ausschließlich mit Fragen des Militärrechts befassen. Nur

1 Cass. Dio. 77,2,15.

P. Taruttenius (auch Tarruntenus) Paternus[2] schrieb schon in der Zeit von Marc Aurel oder Commodus der vier Bücher *de re militari*. Arrius Menander[3] und Aemilius Macer[4], die sich in vier bzw zwei Büchern mit demselben Thema beschäftigten, wirkten in severischer Zeit. Ebenso Tertullian[5], der eine Monographie zum *peculium castrense* in einem Buch verfasste, und Paulus mit seinem ebenfalls einbändigen Werk zum Militärstrafrecht[6]. Auch andere Juristen aus dieser Epoche setzten sich in Schriften zu allgemeineren Themen immer wieder mit militärrechtlichen Fragen auseinander. Die systematische Auseinandersetzung mit dem Militärrecht gerade in dieser Epoche hatte ihren Grund möglicherweise in der gestiegenen Bedeutung des Militärs in der severischen Militärmonarchie.[7] Diese Systematisierung brachte manche Entwicklungen zum Abschluss und gab den militärrechtlichen Instituten des Prinzipats ihre endgültige Form.

2 Zu Paternus siehe KUNKEL, Juristen, 219–222; LIEBS, Jurisprudenz, 136–137.
3 Zu Menander siehe KUNKEL, Juristen, 233–234; LIEBS, Jurisprudenz, 137–138.
4 Zu Macer siehe KUNKEL, Juristen, 265–257; LIEBS, Jurisprudenz, 214–216.
5 Ob der Jurist Tertullian mit dem Kirchenvater Tertullian ident ist oder nicht, ist immer noch umstritten. KUNKEL, Juristen, 236–240, hält es für unwahrscheinlich; LEHMANN, Eigenvermögen, 283 und LIEBS, Jurisprudenz, 123–125, hingegen für wahrscheinlich.
6 Zu dieser Monographie siehe LIEBS, Jurisprudenz, 170.
7 Siehe dazu JUNG, Rechtsstellung römischer Soldaten, 882.

II. Entwicklung und Organisation der römischen Armee im Prinzipat[8]

1. Von der Milizarmee zum Berufsheer[9]

Die römische Armee der klassischen Republik war eine Milizarmee, deren Angehörige keine hauptberuflichen Soldaten waren. Sie wurden im Kriegsfall aufgrund ihrer Wehrpflicht ausgehoben und kehrten nach Beendigung des Feldzuges wieder in ihre Heimat und zu ihren Berufen zurück. Da sich die Soldaten ihre Ausrüstung selbst beschaffen mussten, wurden nur Männer mit einem gewissen Mindestvermögen zum Wehrdienst herangezogen. Als die Feldzüge mit der Eroberung des Weltreiches immer länger dauerten und in immer entfernteren Gebieten stattfanden, zeigten sich die Grenzen dieses Wehrsystems. Die lange durch den Kriegsdienst bedingte Abwesenheit machte es vielen italischen Bauern unmöglich, ihr Land zu bewirtschaften. Dies war einer der entscheidenden Gründe für die große Krise des Kleinbauernstandes im zweiten Jahrhundert v. Chr. Durch die Verarmung so vieler Bauern verringerte sich das Rekrutenpotential der Armee.

An der Wende vom zweiten zum ersten vorchristlichen Jahrhundert zog Marius erstmals die Konsequenz aus dieser Entwicklung und öffnete die Armee auch für *proletarii*, für Bürger, die außer ihren Nachkommen (*proles*) nichts hatten. Dieser Schritt bedeutete einen gravierenden Eingriff in das römische Wehrsystem, denn die vermögenslosen Rekruten konnten ihre Ausrüstung nicht mehr selbst beschaffen; sie musste vom Staat bereitgestellt werden. An der Praxis, die Soldaten nach Beendigung des Feldzuges zu entlassen, änderte sich nichts. Durch die Einziehung Vermögensloser ergab sich aber die Notwendigkeit, diese nach ihrer Entlassung zu versorgen. Für die Generäle, die im ersten Jahrhundert v. Chr. von Feldzügen zurück kehrten, war die Versorgung „ihrer“ Veteranen stets ein zentrales Anliegen. Dabei stießen sie gelegentlich auf Widerstand der Senatsaristokratie, die verhindern wollte, dass sich ein Feldherr auf diese Weise die riesige Klientel seiner ehemaligen Soldaten sichern konnte. Überhaupt galt die Loyalität dieser Armeen mehr

8 In diesem Kapitel werden grundlegende und für die weitere Arbeit wichtige Begriffe zur Geschichte Struktur der römischen Armee erläutert. Diese Begriffe finden sich in sämtlichen Standardwerken zum Thema. Daher wird auf eine durchgängige Zitation im Text verzichtet und die jeweils wichtigste Literatur am Beginn der Unterabschnitte angegeben.

9 Zur Entwicklung der Armee in der späten Republik und den militärischen Reformen des Augustus siehe BLEICKEN, Augustus 541–563.

dem einzelnen Feldherrn, der sie bezahlte und versorgte, als dem römischen Staat insgesamt. Es waren Söldnerheere, die bereit waren, ihrem Feldherrn überall hin zu folgen; auch gegen andere Römer, wie etwa die beiden Armeen, mit denen Sulla auf Rom marschierte (88/79 v. Chr.). In diesem Zusammenhang ist bezeichnend, dass Sulla die Soldaten erstmals auf sich persönlich vereidigte. Eine nicht zu unterschätzende Motivation auch für Caesars Gallischen Krieg war eben die Möglichkeit, sich auf diese Weise eine bedingungslos loyale Armee zu schaffen.

Auch die Armeen, mit denen Octavian die Alleinherrschaft erlangte, waren solche Söldnerheere. Nach seinem Sieg entließ er Teile seiner Soldaten und versorgte sie mit Land, doch einen Teil der Armee beließ er weiterhin unter Waffen. Das war nötig, weil er seine Alleinherrschaft der Armee verdankte und diese weiterhin als Instrument zur Absicherung seiner Machtposition benötigte. Damit bestand erstmals in der römischen Geschichte auch in Friedenszeiten eine Armee; der Weg zum stehenden Heer war abgeschlossen. Da die Soldaten der Kaiserzeit einen Großteil ihres Lebens in der Armee verbrachten, handelte es sich bei der römischen Armee der Kaiserzeit nicht nur um eine stehende, sondern auch um eine Berufsarmee. Die in den Grundzügen bis Diokletian gültige Organisation erhielt die Armee bereits unter Augustus, auch wenn sich Manches erst unter seinen Nachfolgern konsolidierte.

2. Die Organisation

a. Soldaten und Offiziere[10]

Die Einteilung der Ränge neuzeitlicher Armeen in Mannschaften, Unteroffiziere und Offiziere ist auf die römische Armee nur bedingt anwendbar. In der römischen Armee rekrutierten sich alle Ränge bis einschließlich der Zenturionen aus aufgestiegenen Soldaten. Damit entsprachen sie von ihrer Herkunft und Karriere her Unteroffizieren. Allerdings kommandierten sie Einheiten von 60 bis 100 Mann. Das entspricht einem Hauptmann in einer neuzeitlichen Armee, der eine Kompanie kommandiert, also einem Offizier. Insbesondere die Zenturionen sind also nicht in die moderne Terminologie einzuordnen, da sie nach ihrer Herkunft Unteroffiziere waren, nach ihrer Aufgabe aber Offiziere.

Die entscheidende Trennlinie in der Sozialstruktur der römischen Armee verlief damit oberhalb des Zenturionats, denn alle höheren Ränge waren in aller Regel nicht aus dem Soldatenstand aufgestiegen. Die höheren Offiziersstellen waren Stationen in der ritterlichen oder senatorischen Ämterlaufbahn. Insbesondere in der senatorischen Karriere (*cursus honorum*) folgten zivile und militärische Stationen in bunter Reihenfolge aufeinander. Die ritterliche Karriere bestand hingegen aus

10 Zu Rangordnung und Kommandoverhältnissen in der römischen Armee siehe DOMASZEWSKI, Rangordnung; KROMAYER/VEITH, Heerwesen, 504–517.

einem militärischen Block, auf den ein ziviler folgte. Daher entwickelten sich die ritterlichen Offiziere im Lauf der Kaiserzeit eher und schneller zu einer Art von Berufsoffizieren als die senatorischen. Trotzdem blieb es im ganzen Prinzipat ein Charakteristikum der römischen Armee, dass sich die Ränge bis zu den Zenturionen aus Berufssoldaten rekrutierten, während der Wehrdienst der höheren Offiziere nur einige Jahre dauerte und nicht deren einzige berufliche Tätigkeit war. Insofern war die Armee der Kaiserzeit das genaue Gegenteil einer modernen Wehrpflichtarmee, in der es Berufsoffiziere gibt, die Mannschaften aber nur einen Wehrdienst von einigen Monaten erfüllen.

b. Legionen[11]

Wie in der Republik blieben die Legionen auch in der Kaiserzeit das Rückgrat der römischen Armee. Nach dem Sieg über Marc Anton beließ Oktavian 28 Legionen unter Waffen. Diese bildeten den Kern des stehenden Heeres. Nach der Niederlage im Teutoburger Wald (9 n. Chr.) wurden die drei dabei vernichteten Legionen nicht wiedererrichtet. Erst unter Caligula und Claudius stieg die Zahl der Legionen wieder auf 28. Die Entwicklung während des Dreikaiserjahres war durch diverse Auflösungen und Neuerrichtungen chaotisch. Von Vespasian bis Marc Aurel schwankte die Zahl der Legionen zwischen 28 und 30. Septimius Severus schließlich stellte drei weitere Legionen auf, so dass am Beginn des dritten Jahrhunderts 33 Legionen bestanden.

Eine Legion war eine Einheit von 5 000 bis 6 000 schweren Infanteristen, denen eine Gruppe von 120 Meldereitern beigegeben war. Die Legion gliederte sich in zehn Kohorten, die wiederum aus jeweils sechs Zenturien bestanden. Die republikanische Zusammenfassung zweier Zenturien zu einem Manipel bestand zwar auch noch in der Kaiserzeit, doch hatten die Manipel als Einheit keine praktische Bedeutung mehr.

Die Legion wurde von einem senatorischen *legatus legionis* kommandiert. Dessen Vertreter war der, ebenfalls senatorische, *tribunus laticlavus*. Außerdem gehörten fünf ritterliche *tribuni angusticlavi* zum Stab der Legion. Schließlich gab es noch in jedem Legionslager einen *praefectus castrorum*, der an der Spitze der Lagerverwaltung stand. Dieser war am Beginn der Kaiserzeit ebenfalls ein ritterlicher Offizier, seit Claudius wurde dieser Posten aber mit besonders erfahrenen und bewährten Zenturionen besetzt. Die Zenturien wurden von einem Zenturio kommandiert, dessen Stellvertreter ein Optio war. Anders als die Zenturien hatten die Manipel und Kohorten keinen eigenen Kommandanten, sondern wurden höchstwahrscheinlich vom ranghöchsten Zenturio befehligt. Insbesondere der ranghöchste

11 Zu den Legionen siehe RITTERLING, Legio; KROMAYER/VEITH, Heerwesen, 492–495, 500–504, 511–516; JUNKELMANN, Legionen, 92–99; CAMPBELL, Legio, DNP VII, 2000, 8–22.

Zenturio der gesamten Legion, der *primipilus*, hatte eine Position, die wesentlich bedeutender war als das bloße Kommando über eine Zenturie. Immerhin war er einer der erfahrensten Soldaten der gesamten Legion. Neben diesen offiziersähnlichen Rängen, gab es innerhalb der Legionen noch zahlreiche Unteroffiziere und Mannschaftsdienstgrade, denen besondere Aufgaben zugewiesen waren (*principales*). Sie waren vom Wachdienst und ähnlichen Routinediensten befreit und erhielten entweder den eineinhalbfachen (*sequiplicarii*) oder den doppelten (*duplicarii*) Sold eines einfachen Legionärs.

Die Legionen waren Bürgertruppen. In der frühen Kaiserzeit stammte der Großteil der Legionäre aus Italien, wobei insbesondere Oberitalien, das erst von Caesar das Bürgerrecht erhalten hatte und erst unter Augustus rechtlich zu einem Teil Italiens wurde, zahlreiche Legionäre stellte. Mit der Ausdehnung des Bürgerrechts erweiterten sich auch die Rekrutierungsgebiete der Legionen. Der Schwerpunkt verlagerte sich nach Gallien und Spanien. Im zweiten Jahrhundert nahm auch die Legionsergänzung in den Ostprovinzen zu.

Die allgemeine Bürgerrechtsverleihung durch die *constitutio Antoniniana* 212 n. Chr. schließlich beendete die Beschränkung der Legionsrekrutierung auf solche Gebiete, deren Bewohner das Bürgerrecht besaßen.[12]

Die Legionen der Kaiserzeit trugen Nummern, waren aber nicht durchgehend nummeriert. Der Grund dafür war die Tradition aus der Republik, in der die Legionen in den einzelnen Armeen unabhängig voneinander durchnumeriert wurden. Daher gab es auch im Heer des Prinzipats mehrere Nummern, die doppelt oder gar dreifach besetzt waren. Die Legionen konnten aber leicht durch ihre unterschiedlichen Beinamen voneinander unterschieden werden.

c. *Auxilien*[13]

Schon in der späten Republik hatte es in den römischen Armeen nichtrömische Hilfstruppen gegeben, deren Angehörige üblicherweise aus Klientelstaaten stammten. Sie waren nicht voll in die Organisation der römischen Armee eingegliedert.

Das änderte sich mit der Errichtung des stehenden Heeres durch Augustus, das von Anfang an auf den beiden Säulen der Legionen und Auxilien beruhte. Die Auxilien wurden nunmehr ein regulärer Bestandteil der römischen Armee, wobei sie sich in der Regel aus Einwohnern des Reiches ohne Bürgerrecht zusammensetzten. Die volle Eingliederung der Auxilien in den Organisationsrahmen der Armee wurde von Augustus grundgelegt, was neben der Errichtung des stehenden Heeres seine zweite grundlegende Neuerung im römischen Militärwesen war.

12 Zur *constitutio Antoniniana* siehe WOLFF, Constitutio Antoniniana.

13 Zu den Auxilien siehe CHEESMAN, Auxilia; KROMAYER/VEITH, Heerwesen, 495–498, 510–511; HOLDER, Studies in the Auxilia, CAMPBELL, Auxilia, DNP II, 1997, 364–365.

Zu Beginn des Prinzipats wurden Auxiliareinheiten vielfach von Stammesführern kommandiert, doch im Laufe des ersten Jahrhunderts wurden diese zunehmend von römischen *praefecti* ersetzt. Die Herausbildung eines festen Karriereschemas für diese ritterlichen Offiziere unter Claudius trug erheblich dazu bei, dass sich die Organisation der Auxilien selbst verfestigte. Nach dem Aufstand der germanischen Bataver gegen die römische Herrschaft (70 n. Chr.) erhielten alle Hilfstruppen römische Kommandanten, um ähnlichen Aufständen vorzubeugen.

Die Auxilien umfassten Infanterie und Kavallerie. Die Infanterie war in Kohorten gegliedert, die entweder aus 500 (*cohors quinquenaria*) oder 1000 Mann (*cohors millaria*) bestanden, wobei sich erstere in sechs Zenturien gliederten, letztere in zehn. Die Auxiliarreiterei war in Alen eingeteilt, die ebenfalls 500 oder 1000 Reiter umfassen konnten (*ala quinquenaria/ala millaria*). Die Untereinheiten der Alen waren Turmen. Eine *ala quinquenaria* bestand aus 16 *turmae*, eine *ala millaria* aus 24. Schließlich gab es noch gemischte Kavallerie- und Infanterieeinheiten, die *cohortes equitatae*. Auch sie existierten in einer Stärke von 500 oder 1000 Mann.

Die zahlenmäßige Stärke der Hilfstruppen insgesamt entsprach etwa jener der Legionen. Allerdings unterlagen die Auxilien in ihrem Bestand weit größeren Schwankungen, da es wesentlich häufiger zu Auflösungen oder Neuaufstellungen von Hilfstruppeneinheiten gekommen ist. Anders als bezüglich der Legionen ist daher weder eine kontinuierliche Geschichte der einzelnen Auxiliareinheiten, noch ein annähernd vollständiger Überblick über alle Hilfstruppenkörper möglich.

Auch die Auxilien wurden in der Regel mit einer Nummer und einem Namen bezeichnet. Der Name war meist der des Stammes oder Volkes, in dessen Gebiet die Einheit ursprünglich rekrutiert worden war. Wenn die Einheit später in ein anderes Gebiet verlegt wurde, ergänzten sie sich auch aus anderen Völkern. Die mehrfache Vergabe von Nummern war bei den Auxilien noch weit häufiger als bei den Legionen, da die Zählung mit jeder neuen Rekrutierung erneut begonnen wurde.

Obwohl sich die Hilfstruppen grundsätzlich aus Reichsbewohnern ohne Bürgerrecht (*peregrini*) zusammensetzten, gab es auch Einheiten aus römischen Bürgern. In diesem Fall war dem Namen der Einheit das Kürzel cR (*civium romanorum*) beigefügt. Entweder rekrutierten sich diese Einheiten seit jeher nur aus Bürgern (wie Legionäre, denen sie in diesem Fall praktisch gleichgestellt waren) oder ihnen wurde kollektiv das Bürgerrecht als Auszeichnung verliehen (in jenem Fall besaßen nach der Verleihung eintretende Rekruten nicht das römische Bürgerrecht, das ihnen beim Eintritt auch nicht verliehen wurde).

Von ihrem Aufgabenbereich her waren die Hilfstruppen eine Ergänzung der Legionen. Besonders wichtig war die Auxiliarkavallerie, da es abgesehen von den kleinen Meldereiterabteilungen keine berittenen Bürgertruppen gab. Wegen ihrer größeren Wichtigkeit wurden die Alen auch schneller nach römischem Muster organisiert als die Kohorten. Die Auxiliarkohorten erfüllten untergeordnete infanteristische Aufgaben. Die Legionen waren schwere Kampftruppen für entscheidende Kampfhandlungen. Die Auxiliarinfanterie hingegen wurde für untergeordnete Kampfaufgaben (Kleinkrieg etc) sowie den lückenlosen Grenzwachdienst eingesetzt.

Je stärker die Auxilien nach römischem Muster organisiert wurden, umso ähnlicher wurden sie den Legionen und verloren damit zunehmend den Charakter als leichte Truppen.

In diesem Zusammenhang ist die Entwicklung neuer leichter Truppen am Beginn des zweiten Jahrhunderts zu sehen: der nationalen *numeri*.[14] Sie erinnerten in mancher Hinsicht an die ursprünglichen Auxilien, da es sich bei ihnen um leichte Einheiten handelte, die nicht voll in die römische Armee eingegliedert waren. Die *numeri* rekrutierten sich typischerweise aus erst kürzlich unterworfenen Völkern, die – teilweise unter ihren eigenen Anführern – in entfernten Teilen des Reiches eingesetzt wurden. Sie umfassten sowohl Infanterie- als auch Kavallerieeinheiten, über deren Gliederung und Gesamtzahl nichts Näheres bekannt ist.

d. Stadtrömische Truppen[15]

Die Prätorianergarde war eine Neuschöpfung des Augustus, obwohl schon die Feldherren der ausgehenden Republik Leibgarden gehabt hatten. Ursprünglich bestanden neun Prätorianerkohorten, deren Zahl bis Septimius Severus auf zwölf anwuchs. Dieser Kaiser erhöhte auch den Stand der einzelnen Kohorten von 1 000 auf 1 500 Mann. Zur militärischen Besatzung Roms gehörten außerdem die Stadtsoldaten (*cohortes urbanae*), die polizeiliche Aufgaben wahrnahmen. Ihre Zahl wuchs von den ursprünglichen drei Kohorten auf sechs am Beginn des dritten Jahrhunderts. Die Prätorianer- und Stadtkohorten waren gemeinsam fortlaufend nummeriert, wobei die städtischen Kohorten die höheren Nummern trugen. Beide Truppen rekrutierten sich ausschließlich aus römischen Bürgern. Die Prätorianer waren die prestigeträchtigste Einheit im Imperium überhaupt. Sie wurden von zwei Prätorianerpräfekten befehligt, die zumindest ab dem zweiten Jahrhundert auch die

14 *Numerus* war die Bezeichnung für militärische Einheit schlechthin. Die sogenannten nationalen *numeri* hatten keine eigenen Namen. Daher hat sich diese Bezeichnung eingebürgert. Zu den nationalen *numeri* siehe KROMAYER/VEITH, Heerwesen, 498; ROWELL, Numerus; CALLIES, Fremde Truppen, 130–227; SPEIDEL, Ethnic Units; CAMPBELL, Numerus.

15 Zu den Garde- und stadtrömischen Truppen generell siehe KROMAYER/VEITH, Heerwesen, 488–492, 504–506; SPEIDEL, Guards.
Zu den Prätorianern siehe CAMPBELL, Praetorianer; zu den Stadtkohorten siehe FREIS, Cohortes urbanae,; ECK, Urbanae cohortes; zu den *vigiles* siehe REYNOLDS, Vigiles; zu den *equites singulares Augusti* siehe SPEIDEL, Equites singulares Augusti; CAMPBELL, Equites singulares.

Stadtkohorten kommandierten. Die Position eines *praefectus praetorio* war keine rein militärische Position. Seit dem Ende des zweiten Jahrhunderts hatten die bedeutendsten Juristen diese Position inne und damit eine führende Position im *consilium* des Kaisers (wie beispielsweise Papinian, Paulus und Ulpian).

Auch die Feuerwehr (*vigiles*) der Stadt Rom war militärisch organisiert. Sie wurden von einem *praefectus vigilum* kommandiert, waren in sieben Kohorten gegliedert und rekrutierten sich typischerweise aus Freigelassenen.

Zur Besatzung der Hauptstadt gehörten schließlich die *equites singulares Augusti*. Sie waren eine Gardetruppe, die sich aus peregrinen Reitern rekrutierte. Damit bildeten die *equites singulares* gewissermaßen das auxiliare Element der Garde. Diese Einheit wurde vermutlich in flavischer Zeit in einer Stärke von 500 Mann geschaffen. Später stieg die Anzahl der Gardereiter auf 1 000.

e. *Flotte*[16]

Im Prinzipat gliederte sich die römische Kriegsflotte in zwei unterschiedliche Teile: die italischen und die provinzialen Flotten. In Italien war je eine Flotte in Misenum und Ravenna stationiert. Diese beiden Flotten wurden als prätorische Flotten bezeichnet und bildeten den Kern der römischen Seekriegsmacht. Daneben gab es kleinere Flotteneinheiten in den Provinzen, die am Meer, an Flüssen oder an Seen stationiert waren. Die Flotten rekrutierten sich typischerweise aus Freigelassenen und *peregrini*.

f. *Stationierung*[17]

Die Statthalter waren nicht nur die höchsten Zivilverwalter einer Provinz, sondern auch die Oberkommandanten aller in dieser Provinz stationierten Truppen. Mit einer Ausnahme (der *legio III Augusta*, die bis Caligula in der senatorischen Provinz Africa lag), waren die Legionen durchwegs in kaiserlichen Provinzen stationiert, während es Auxiliareinheiten sowohl in kaiserlichen als auch in senatorischen Provinzen gab. Wenn in einer Provinz nur eine Legion stationiert war, war der Statthalter gleichzeitig deren Kommandant. In Provinzen mit mehreren Legionen hatte der Statthalter (*legatus Augusti pro praetore*) das Oberkommando und jede Legion ihren eigenen Kommandanten (*legatus legionis*). Beide Ämter waren Senatoren vorbehalten. Eine Ausnahme bildete Ägypten, das als private Domäne des Kaisers von einem ritterlichen *praefectus Aegypti* verwaltet wurde. Auch die

16 Zur Flotte siehe STARR, Roman Imperial Navy; KIENAST, Kriegsflotten der römischen Kaiserzeit; HERZ, Flottenwesen.

17 Zur Stationierung siehe RITTERLING, Legio; KROMAYER/VEITH, Heerwesen, 492–495; WESENBERG, Provincia; JUNKELMANN, Legionen, 96–99; CAMPBELL, Legio, 9–22; GALSTERER, Provincia.

ägyptischen Legionskommandanten (*praefecti legionis*) waren ritterlicher Herkunft.

Im ersten Jahrhundert waren Provinzen mit mehreren Legionen oder ohne Legionsbesatzung der Normalfall. Durch die Teilung von Provinzen und die Verlegung von Legionen entstanden zunehmend Provinzen, in denen nur eine Legion stationiert war. Septimius Severus schließlich teilte systematisch jene Provinzen mit größerer Truppenzahl, um eine für ihn gefährliche, zu große Machtballung in den Händen der Statthalter zu verhindern. Im ersten Jahrhundert war die Rheingrenze die wichtigste des Imperiums mit der größten Truppenkonzentration. Im zweiten Jahrhundert verschob sich der Schwerpunkt an die Donau, und in severischer Zeit in den Osten des Reiches.

III. Wehrpflicht und Heereseintritt[18]

1. Die Wehrpflicht

Für die Milizarmee der römischen Republik war die Wehrpflicht der römischen Bürger von existentieller Bedeutung. In der Republik waren Wehrpflicht als wichtigste Pflicht eines Bürgers und Stimmrecht als sein wichtigstes Recht grundsätzlich aneinander gekoppelt.[19] Das wird nicht zuletzt daran deutlich, dass die bedeutendste Form der Volksversammlung, die Zenturiatkomitien, grundsätzlich nichts Anderes war als die Heeresversammlung der römischen Bürger.[20]

Die Wehrpflicht war nicht in einer positiv-rechtlichen Form festgeschrieben, sondern eine Selbstverständlichkeit im republikanischen Gemeinwesen.[21] Wie so vieles in der republikanischen Verfassung ergab sich die Verpflichtung der römischen Bürger aus dem *mos maiorum*, der althergebrachten Tradition, die durchaus bindenden Charakter hatte, wenn sie auch Modifikationen und Anpassungen zugänglich war. Jung geht von einer strikten Trennung zwischen bindenden Rechtsvorschriften einerseits und dem *mos maiorum* andererseits aus.[22] Dies entspricht dem republikanischen Verfassungdenken sicher nicht, da eben der *mos maiorum* selbst nicht bloße Tradition war, sondern auch als solcher rechtverbindliche Wirkung hatte.[23]

Bis an die Wende zum ersten Jahrhundert v. Chr. waren nur jene Bürger von der Wehrpflicht betroffen, die ein gewisses Vermögen hatten, da sie ihre Ausrüstung ursprünglich selbst finanzieren mussten.[24] In den schweren Kriegen des zweiten vorchristlichen Jahrhunderts führte das dazu, dass die italischen Kleinbauern, die das Rückgrat der Armee bildeten, im Kriegsdienst aufgerieben wurden. Um dem

18 Zur Wehrpflicht generell siehe MOMMSEN, Conscriptionsordnung; MOMMSEN, Römisches Staatsrecht III.1, 240–299; LIEBENAM, Dilectus; JUNG, Rechtsstellung 884–913.

19 MEYER, Staat und Staatsgedanke, 189.

20 BLEICKEN, Verfassung der römischen Republik, 98–99; vgl auch WIEACKER, Römische Rechtsgeschichte I, 391–395.

21 KROMAYER/VEITH, Heerwesen, 257.

21 JUNG, Rechtsstellung, 885–886.

23 Zum *mos maiorum* siehe MEYER, Staat und Staatsgedanke, 253–254; BLEICKEN, Verfassung der Republik, 54–56.

24 Im zweiten Jahrhundert v. Chr. war für den Dienst in den Legionen ein Vermögen von 4 800 Assen erforderlich, im ersten Jahrhundert v. Chr. eines von 11 000 Sesterzen; vgl MEYER, Staat und Staatsgedanke, 198–190.

durch diese Situation entstandenen Rekrutenmangel abzuhelfen, öffnete Marius bei der Aushebung für den jugurthinischen Krieg die Armee auch den vermögenslosen Bürgern (den *proletarii*).[25]

Als die römische Armee unter Augustus den Charakter eines Berufsheeres annahm, verlor die Wehrpflicht naturgemäß an Bedeutung. Dennoch schaffte Augustus sie nicht ab.[26] Auch in der Kaiserzeit war es nicht immer möglich, die gesamte Truppenstärke durch Freiwillige zu erreichen. Beispielhaft für das ganze erste Jahrhundert n. Chr. berichtet Velleius von Aushebungsschwierigkeiten in der Zeit des Tiberius.[27]

Schon Augustus hatte Verstöße gegen die Wehrpflicht mit großer Härte bestraft.[28] Auch Menander hebt die Wehrdienstverweigerung als besonders schweres Delikt hervor:

> D 49,16,4,10 Arrius Menander libro primo de re militari
> *Gravius autem delictum est detractare munus militae quam adpetere: nam et qui ad dilectum olim non repondebant, ut proditores libertatis in servitutem redigebantur. Sed mutato statu militiae recessum a capitis poena est, quia plerumque voluntario milite numeri supplentur.*
> Das schwerere Verbrechen ist es aber, sich dem Militärdienst zu entziehen, als ihn sich anzumaßen. Denn die, die sich früher der Aushebung nicht stellten, wurden als Verräter der Freiheit in die Sklaverei gejagt. Da sich die Lage der Soldaten aber geändert hat, ist man von der Todesstrafe abgegangen, weil die Mehrzahl der Soldaten von Freiwilligen gestellt wird.[29]

An diesem Fragment wird jedoch auch deutlich, dass die Verletzung der Wehrpflicht an der Wende vom zweiten zum dritten Jahrhundert n. Chr. kein alltägliches Verbrechen mehr war, da die Armee in der Kaiserzeit zu einer Berufsarmee geworden war, die eine sichere Versorgung und gewisse Karrierechancen bot. Vor diesem Hintergrund war der Ausschluss vom Militärdienst von wesentlich größerer praktischer Bedeutung als die Befreiung von der (zumindest theoretisch) noch immer bestehenden Wehrpflicht. Tatsächlich beschäftigten sich die Militärjuristen der Severerzeit mit dem ersten Themenbereich weit mehr. Im einschlägigen Digestentitel *de re militare*[30] sind die Ausführungen zum Ausschluss vom Militärdienst deutlich zahlreicher und umfangreicher als jene zur Wehrpflicht und deren Mißachtung.

25 Bleicken, Verfassungs- und Sozialgeschichte I, 213–215.
26 Jung, Rechtsstellung, 886.
27 Vell. 2,130,2.
28 Suet. Aug. 24,1.
29 Sämtliche Übersetzungen stammen vom Autor.
30 D 49,16.

2. Ausschluss vom Wehrdienst

a. Sklaven[31]

Es war ein allgemeiner Grundsatz der römischen Antike, Sklaven vom Wehrdienst auszuschließen. Das hängt einerseits mit der ursprünglichen Koppelung von Wehrpflicht und Stimm- beziehungsweise Bürgerrecht zusammen, andererseits mit der großen Gefahr, die bewaffnete Sklaven bedeuteten. Immerhin hatte es an der Wende vom zweiten zum ersten Jahrhundert v. Chr. einige schwere Sklavenaufstände gegeben, von denen der des Spartakus der bekannteste ist.[32]

In besonderen Notzeiten wurde allerdings immer wieder mit dem Grundsatz, Sklaven nicht zu bewaffnen, gebrochen. Möglicherweise das erste Mal geschah das nach der katastrophalen Niederlage von Cannae im zweiten punischen Krieg.[33] In der chaotischen Epoche der Bürgerkriege, mit ihrem großen Bedarf an Soldaten, wurde das Erfordernis der Freiheit der Rekruten nicht allzu streng eingehalten. Teilweise wurden die Sklaven unmittelbar vor oder kurz nach ihrem Eintritt in die Armee freigelassen, teilweise blieben sie auch als Soldaten unfrei.[34]

Als Augustus der Armee eine neue geregelte Organisation gab, kehrte er zum alten Grundsatz einer sklavenfreien Armee zurück.[35] Der Grundsatz, dass Sklaven vom Heeresdienst ausgeschlossen waren, blieb auch in der weiteren Kaiserzeit in Geltung.[36] Zuwiderhandeln wurde äußerst streng, nämlich mit dem Tod, bestraft.[37] Ein konkreter Einzelfall zu dieser Problematik ist in der Korrespondenz des jüngeren Plinius mit Kaiser Trajan überliefert:

> Plin. epist. 10, 29–30
>
> *C. Plinius Trajano Imperatori. Sempronius Caelianus, egeregius iuvenis, repertos inter tirones duos servos misit ad me; quorum ego supplicium distuli, ut te consditorem disciplinae militaris firmatoremque consulerem de modo poenae. Ipse enim dubito ob hoc maxime quod, ut iam dixerant sacramento, ira nondum distributi in numeros erant. Quid ergo debeam sequi rogo, domine, scribas, praesertim cum pertineat ad exemplum.*
>
> *Trajanus Plinio. Secundum mandata mea fecit Sempronius Caelianus mittendo ad te eos, de quibus cognosci oportebit, an capitale supplicium meruisse videantur. Refert autem, voluntarii se obtulerint an lecti sint vel etiam*

31 Speziell mit diesem Thema befaßt sich: WELWEI, Unfreie.

32 JUNG, Rechtsstellung, 889, der allerdings die Gefahr der Sklavenbewaffnung überhaupt nicht erwähnt.

33 Liv. 22,57,11; 23,38,6; 24,16,3.

34 App. civ. 2,103; 5,131; Caes. civ. 1,24,2.

35 JUNG, Rechtsstellung, 889–890.

36 Eine Notiz in der Historia Augusta, die den Einsatz von Sklaven in den Markomannenkriegen Mark Aurels erwähnt, hält WELWEI, Unfreie, 22–27, für ausgesprochen unglaubwürdig.

37 D 49,16,11.

vicarii dati. Lecti (si) sunt, inquisitio paccavit; si vicarii dati, penes eo culpa est qui dederunt; si ipsi, cum haberent condicionis suae conscientiam, venerunt, animadvertendum in illos erit. Neque enim multum interest, quod nondum per numeros distributi sunt. Ille enim dies, quo primum probati sunt, veritatem ab iis originis suae exegit.

Plinius an Kaiser Trajan. Sempronius Caelianus, ein sehr ehrenwerter junger Mann, hat unter Rekruten zwei Sklaven entdeckt und sie zu mir geschickt. Ich habe seine Bestrafung aufgeschoben, um Dich als Begründer und Festiger der militärischen Disziplin wegen der Art der Strafe zu Rate zu ziehen. Ich selbst zweifle nämlich, insbesondere, weil sie den Eid zwar schon abgelegt hatten, aber noch keiner Einheit zugeteilt worden waren. Was ich mich also zu bitten verpflichtet fühle, Herr, ist, schreibe mir, wie ich vorgehen soll, zumal die Entscheidung beispielgebend sein wird.

Trajan an Plinius. Sempronius Caelianus hat meinen Anordnungen entsprochen, indem er jene zu Dir geschickt hat, in Bezug auf die man untersuchen muss, ob sie die Todesstrafe verdient haben. Es kommt also darauf an, ob sie sich freiwillig gemeldet haben oder ausgehoben worden sind oder ob sie vielleicht als Ersatzmänner gestellt wurden. Wenn sie ausgehoben wurden, hat die Aushebungsbehörde einen Fehler gemacht; wenn sie als Ersatzmänner gestellt wurden, dann liegt die Schuld bei denen, die sie gestellt haben. Wenn sie sich selbst im Bewusstsein ihres Standes gemeldet haben, dann wird man sie ihrer Strafe zuführen müssen. Es ist nämlich nicht von großer Bedeutung, dass sie noch keiner Einheit zugeteilt worden sind. Denn jener Tag, an dem sie das erste Mal gemustert wurden, forderte von ihnen die Wahrheit über ihre Herkunft.

Trajan hält hier am Grundsatz einer sklavenfreien Armee fest und gibt zur Bestrafung differenzierte Anweisungen, indem er sie davon abhängig macht, wer die Aufnahme in die Armee veranlasst hat. Im Vergleich zur kategorischen Androhung der Todesstrafe bei Marcian[38] ist Trajan deutlich milder. Er versucht auf die konkreten Umstände einzugehen und stellt bei der Verhängung der Todesstrafe darauf ab, ob der Heereseintritt von den Sklaven selbst ausgegangen und ihnen daher vorzuwerfen ist.

Wie wichtig es den Verantwortlichen in der Kaiserzeit war, die Armee von Sklaven freizuhalten, wird daran deutlich, wie mit Fällen umgegangen wurde, in denen unklar war, ob jemand frei war oder nicht: Die Armee von Sklaven freizuhalten war offenbar so wichtig, dass jemand, dessen Freiheit unklar war, bezüglich des Heereseintritts wie ein Sklave behandelt wurde. Allerdings waren solche Per-

38 D 49,16,11.

sonen vollkommen entlastet, die von jemandem anderen mutwillig in eine *vindicatio in servitutem* verwickelt wurden.[39]

b. Freigelassene

In der klassischen Republik, als der Wehrdienst Bürgern mit einem bestimmten Vermögen vorbehalten war, blieb Freigelassenen der Zugang zur Armee verwehrt.[40] Nachdem Marius den Wehrdienst auch für Besitzlose geöffnet hatte, und der Rekrutenbedarf in den Bürgerkriegen gewaltig anstieg, wurden Freigelassene in den letzten Jahrzehnten der Republik genauso wie Freigeborene in die Armee aufgenommen.[41]

Augustus kehrte auch hier – abgesehen von Notsituationen – zu einer restriktiveren Position zurück.[42] Während die Einstellung von Sklaven jedoch rechtswidrig war, war die Rekrutierung von Freigelassenen offenbar zulässig. Für Augustus war sie allerdings nicht wünschenswert, doch im weiteren Verlauf der Kaiserzeit dürften die diesbezüglichen Bedenken zurückgegangen sein.[43]

In den juristischen Quellen finden sich keine Hinweise darauf, dass Freigelassene vom Wehrdienst ausgeschlossen waren, und in einigen Fragmenten werden Soldaten erwähnt, die *libertini* waren, ohne dass diese Tatsache besonders gerechtfertigt werden muss.[44]

Während Freigelassene in den Legionen und Auxilien die Ausnahme bildeten, gab es eine Truppengattung, die sich ganz überwiegend aus *libertini* rekrutierte: die stadtrömischen *vigiles* (militärisch organisierte Feuerwehr).[45] Auch Gaius behandelt die *vigiles* unter diesem Aspekt. Als eine der Möglichkeiten von Bürgern latinischen Rechts römische Bürger zu werden, nennt er den dreijährigen Dienst bei den *vigiles*.[46] Zu Gaius Zeit waren praktisch alle *cives latini* Freigelassene, die in einer Weise freigelassen worden waren, durch die sie nur das latinische Bürgerrecht erhalten hatten.[47]

39 D 40,12,29 pr–1; D 49,16,8.
40 Liv. 22,11,8.
41 JUNG, Rechtsstellung, 897–898.
42 Suet. Aug. 25,2.
43 JUNG, Rechtsstellung, 897–898.
44 D 29,1,37; D 31,22; D 34,1,18,2; D 32,102,3.
45 Suet. Aug. 25,2.
46 Gai. 1,32b.
47 Freigeborene *cives latini* gab es in Italien praktisch nicht mehr, seit das römische Bürgerrecht nach dem Ende der Bundesgenossenkriege an die gesamte italienische Halbinsel verliehen worden war. Außerdem sind die Ausführungen des Gaius auf freigeborene latinische Bürger nicht anwendbar, da diese bereits durch den Umzug nach Rom das römische Bürgerrecht erwarben. KASER, Privatrecht I, 32, 282.

c. *Straftäter*

Auch verurteilten Straftätern war die Aufnahme in die Armee versagt. Kapitalverbrecher, die in die Armee eintraten, wurden mit dem Tod bestraft. Bei ihnen gab es keine Differenzierungen des Strafmaßes zwischen Freiwilligen und Zwangsrekrutierten.[48]

Auch wegen minderschwerer Straftaten verurteilte Verbrecher waren vom Militärdienst ausgeschlossen, doch im diesem Fall wurde zwischen Freiwilligen und Zwangsrekrutierten unterschieden. Beide wurden bestraft (da auch der Zwangrekrutierte über seine Verurteilung hätte aufklären müssen), doch das Strafmaß war bei Freiwilligen höher.[49]

Die Armee ohne Straftäter war offenbar ein ähnlich wichtiges Anliegen, wie das Freihalten von Sklaven, da in unklaren Fällen ähnlich rigoros vorgegangen wurde. Nicht nur verurteilte Straftäter waren vom Militärdienst ausgeschlossen, sondern auch Personen, gegen die ein Strafverfahren anhängig war. Das Strafmaß war hier von verschiedenen Fallkonstellationen ab. Hinsichtlich eines anhängigen Verfahrens gab es also keine Unschuldsvermutung im laufenden Prozess.[50]

Alle bisherigen Ausführungen zu Straftätern betrafen solche, die ihre Strafe noch nicht verbüßt hatten (beziehungsweise noch gar nicht verurteilt waren). Daneben konnten auch bereits verbüßte Strafen, die zur Infamie führten, einen Ausschließungsgrund vom Wehrdienst bedeuten. Jene Straftaten, die eine dauernde Infamie nach sich zogen, machten den Heereseintritt unmöglich; eine zeitlich beschränkte Infamie schloss hingegen nicht vom Militärdienst aus.[51]

d. *Sonstige Ausschließungsgründe*

Wer in einen Zivilprozess verwickelt war und in die Armee eintreten wollte, war ebenfalls vom Militärdienst ausgeschlossen. Auch wenn der Betroffene nicht deshalb in die Armee eingetreten war, blieb ihm die Aufnahme in die Armee versagt, wenn er sich nicht mit seinem Gegner verglich.[52] Offenbar wurde vermutet, der Eintritt in die Armee wäre mit dem Ziel der Prozesserschwernis geschehen.[53] Dieser Ausschließungsgrund unterschied sich von den bisher behandelten dadurch, dass der Betroffene zwar aus der Armee ausgeschlossen wurde, sonst aber nicht bestraft wurde. Außerdem stand ihm die Möglichkeit eines neuerlichen Armeeeintritts nach Beendigung des Prozesses offen.[54]

48 D 49,16,4,1–3.
49 D 49,16,4,3.
50 D 49,16,4,5–6.
51 D 49,16,4,4.
52 D 49,16,4,8.
53 JUNG, Rechtsstellung, 904–905.
54 D 49,16,4,8.

Wer nur in die Armee eingetreten war, um öffentlichen Lasten (*munera*) zu entgehen, wurde sofort entlassen. Wie beim Ausschließungsgrund der Prozessführung zog die Entlassung hier keine Infamie nach sich.[55]

Jung führt schließlich an, dass Nichtrömer (*peregrini*) vom Wehrdienst ausgeschlossen waren.[56] Das trifft für den Dienst in den Legionen zu, ist aber insofern irreführend, als die römische Armee keineswegs nur aus Einheiten römischer Bürger bestand. Schon die republikanische Armee in der Zeit vor den Bundesgenossenkriegen bestand mindestens zur Hälfte aus Kontingenten der *socii*, die kein Bürgerrecht hatten. Auch seit Augustus waren die Auxilien, die regelmäßig aus Einwohnern des Reiches ohne Bürgerrecht bestanden, neben den Legionen eine der Säulen der Armee.[57] Für den Dienst in den Legionen blieb das Bürgerrecht weiterhin Vorraussetzung, doch auch die peregrinen Einwohner des Reiches waren wehrpflichtig. Ihre Wehrpflicht bezog sich jedoch auf den Dienst in den Auxilien. Die römischen Bürger waren wegen ihres Bürgerrechts wehrpflichtig, die Nichtbürger waren es als Untertanen des *imperium romanum*. Auch wenn das Bürgerrecht als Voraussetzung für den Dienst in den Legionen bestehen blieb, wurde dieser Grundsatz vielfach (besonders im Osten des Reiches) nur formell eingehalten, indem man Rekruten bei ihrem Eintritt in die Legion das Bürgerrecht verlieh.

3. Befreiung von der Wehrpflicht[58]

a. Priester

Die Befreiung von Priestern war offenbar sehr alt. Dionysios von Halikarnass führt diese Regelung auf Romulus zurück,[59] Plutarch schreibt, dass nach dem Galliersturm ein entsprechendes Gesetz erlassen wurde.[60] Bei der notorischen Unzuverlässigkeit der Überlieferung zur römischen Frühzeit, muss die in diesen Stellen mitgeteilte genaue zeitliche Zuordnung mehr als zweifelhaft bleiben. Das hohe Alter der Befreiung machen sie aber deutlich.

55 D 3,2,2,2.

56 JUNG, Rechtsstellung, 902–904.

57 MOMMSEN, Conscriptionsordnung, 20–21.

58 MOMMSEN, Staatsrecht III, 242–246, stellt einen Katalog von gesetzlichen Befreiungsgründen auf. Gleichzeitig führt er aus, dass die Befreiung vom Wehrdienst in erster Linie im Ermessen der aushebenden Magistrate stand. Er trennt strikt zwischen gesetzlichen Befreiungsgründen und der Befreiung kraft magistratischen Ermessens. Diese Trennung scheint der tatsächlichen Situation in der römischen Antike nicht zu entsprechen. Aus Appian civ 2,150, geht hervor, dass die Befreiung von Priestern und Personen über einer bestimmten Altergrenze (die Mommsen für eine gesetzliche hält) in Notzeiten nicht beachtet wurden. Sehr bezeichnend ist auch der Bericht des Livius 3,69,6–7, dass ein Feldherr die Prüfung der Befreiungsgründe auf die Zeit nach dem Feldzug verschob, wodurch es praktisch keine Befreiungen gab.

59 Dion. Hal. ant. 2,41,3.

60 Plut. Camillus 41,6.

Einen juristischen Beleg für diese Regelung bietet die *lex Coloniae Genetivae Juliae* aus der Zeit Cäsars.[61] Dieses Gesetz gibt genauere Auskunft, welche Priester vom Militärdienst befreit waren, nämlich *pontifices* und *augures*. Beide Gruppen von Priestern hatten besondere sakrale Aufgaben im Zusammenhang mit der Kriegführung.[62] Ob man daraus im Umkehrschluss ableiten kann, dass die anderen Priestergruppen nicht vom Wehrdienst befreit waren, ist sehr schwer zu sagen. Immerhin hatten beispielsweise auch die Fetialpriester ausgesprochen wichtige Aufgaben für die Kriegführung.[63] Jedenfalls kann sich die Befreiung nur auf Priester des römischen Staatskultes bezogen haben und nicht auf die Priester der anderen im *imperium Romanum* existierenden Religionen.

Jung meint aus der Regelung in der *lex Coloniae Genetivae Juliae* ableiten zu können, dass die Befreiung von Priestern vorher nicht gesetzlich geregelt war.[64] Das ist nicht überzeugend, da diese *lex* das Gründungsgesetz, das Stadtrecht einer Kolonie war. Daher ist durchaus denkbar, dass für diese Kolonie Regelungen „wiederholt" wurden, die in Rom bzw. anderen Bürgergemeinden bereits galten.

Aus der Kaiserzeit gibt es (wohl wegen der zurückgehenden Bedeutung der Wehrpflicht) keine weiteren Belege für die Befreiung von Priestern, doch ist davon auszugehen, dass diese traditionsreiche Regelung weiter in Geltung blieb.

b. Munizipalbeamte und deren Bedienstete

Aus dem Stadtrecht von Genetiva geht hervor, dass auch die Bediensten von Munizipialbeamten von der Wehrpflicht befreit waren.[65] Mommsen hat aus dieser Befreiung geschlossen, dass auch die Beamten selbst von der Wehrpflicht nicht betroffen waren.[66] Auch wenn sich die *lex Coloniae Genetivae Juliae* nur auf diese Stadt bezieht, kann man davon ausgehen, dass es in anderen Bürgergemeinden ähnliche Regelungen gab. Für die stadtrömischen Magistrate gab es sicher keine derartige Befreiung, da für sie der Militärdienst Teil ihres *cursus honorum* war.

c. Alter

Es gab keine rechtliche Festlegung eines Mindestalters für den Heereseintritt. Ein Orientierungspunkt war, dass junge Römer ab dem 17. Lebensjahr in den Komitien abstimmen durften.[67] Dennoch wurden schon in der hohen Republik jüngere

61 Zu diesem, auch *lex Ursonensis* genannten Gesetz, siehe KORNEMANN, Municipium, 613-614; GALSTERER, Lex Ursonensis.

62 *Lex Coloniae Genetivae Juliae*, Kap. 66 (=FIRA I,21).

63 PRESCENDI, Fetiales.

64 JUNG, Rechtsstellung, 908.

65 *Lex Coloniae Genetivae Juliae*, Kap. 62 (=FIRA I, 21).

66 MOMMSEN, Staatsrecht III, 243 Fn. 3.

67 Gell. 10,28,1.

Männer ausgehoben.[68] Auch in der Kaiserzeit gab es offenbar keine rechtliche Fixierung des Mindestalters. Vegetius gibt ebenfalls kein konkretes Alter an, sondern meint nur, dass ein früher Heereseintritt zweckmäßig wäre.[69] In der Praxis trat allerdings die große Mehrheit der Rekruten nach der Vollendung des 17. Lebensjahres in die Armee ein. Das typische Alter lag zwischen 17 und 25 Jahren.[70]

Eine altersmäßige Obergrenze der Wehrpflicht von 46 Jahren leitet Mommsen[71] aus Appian[72] ab. Es ist schwer zu beurteilen, ob sich diese Altergrenze aus praktischen Gründen der militärischen Zweckmäßigkeit ergab, oder ob es sich dabei um eine verbindliche Rechtvorschrift handelte.

In der Kaiserzeit wurden üblicherweise keine Männer über 35 Jahren ausgehoben. In Notfällen wurden jedoch auch ältere Männer verpflichtet, wie Cassius Dio für die Zeit nach der vernichtenden Niederlage im Teutoburger Wald berichtet.[73]

d. Körperliche Untauglichkeit[74]

Vegetius gibt den Rekrutierungsbehörden folgende Richtlinien für die Prüfung der körperlichen Tauglichkeit von Rekruten:

> Veg. mil. 1,6,4–5
>
> *(4) Sit ergo adulescens Martio operi deputandus, vigilantibus oculis, erecta cervice, lato pectore, umeris musculosis, valentibus brachiis, digitis longioribus, ventre modicus, exilior clunibus, suris et pedibus non superflua carne distentis, sed nervorum duritia collectis. (5) Cum haec in tirone signa deprehenderis, proceritatem non magnopere desideres: utilius enim est fortes milites esse quam grandes.*
>
> (4) Du sollst also für das Werk des Mars einen jungen Mann bestimmen mit wachen Augen, aufrechtem Nacken, weitem Brustkorb, muskulösen Schultern, starken Armen, längeren Fingern, einem mäßigen Bauch, einem dünnen Gesäß, mit Beinen und Füßen nicht von übermäßigem Fleisch geschwollen, sondern in sehniger Härte gestrafft. (5) Wenn Du bei einem Rekruten diese Merkmale findest, achte nicht zu sehr auf großen Wuchs. Nützlicher sind nämlich starke Soldaten als große.

68 Nach Plut. C Grachus 5,1 setzte Gaius Gracchus am Ende des zweiten Jahrhunderts v. Chr. das Mindestalter auf 17 Jahre fest. Dieses Gesetz wurde allerdings nach 14 Jahren ersatzlos aufgehoben.

69 Veg. mil. 1,4.

70 WILMANS-GRUNWALD, Tauglicheitskriterien, 39.

71 MOMMSEN, Staatsrecht III, 242.

72 App. civ. 242.

73 Cass. Dio. 56,23,2.

74 Speziell dazu: WILMANS-GRUNWALD, Tauglichkeitskriterien.

Rechtliche Bestimmungen zur Tauglichkeit gab es hingegen praktisch keine. Die einzige erhaltene Ausnahme bildet eine von Menander überlieferte Entscheidung Trajans, in welcher der Kaiser ausführt, dass der Verlust eines Hodens noch nicht zur Untauglichkeit führt.[75]

Das Schweigen der juristischen Literatur zu den körperlichen Voraussetzungen ist umso erstaunlicher, da ein ganz ähnlich gelagertes Problem, das des Sachmangels (also von Krankheiten) bei Sklaven, äußerst breit behandelt wurde. Der Digestentitel D 21,1 bietet einen ausführlichen Katalog dessen, was römische Juristen als Krankheit ansahen. Beim Verkauf von Sklaven war die genaue Definition von Krankheiten wegen der gewährleistungsrechtlichen Folgen ausgesprochen wichtig. Hinsichtlich der Tauglichkeit von Rekruten war das Bedürfnis, die körperlichen Kriterien rechtsverbindlich festzulegen, offenbar nicht so groß. Möglicherweise war das sogar unerwünscht, um die Rekrutierungsbehörden nicht zu sehr einzuschränken. Wenn doch ein Untauglicher eingestellt wurde oder ein Soldat während des Dienstes untauglich wurde, konnte er in Form der *missio causaria* aus der Armee entlassen werden.[76]

4. Verfahren der Rekrutierung

Die Rekrutierung von Soldaten verlief bei der zwangsweisen Aushebung und der Anwerbung Freiwilliger praktisch in derselben Weise: Rekrutierungskommissionen unter dem Kommando eines Zenturionen oder eines Tribunen bereisten das Gebiet, in dem rekrutiert werden sollte. Eine Musterung durch Ärzte gab es vermutlich nicht. Die angeworbenen oder zwangrekrutierten Männer sandten sie nach einer ersten Musterung (*probatio*) mit einem Wegegeld (*viaticum*) zu ihrer Einheit.[77] Nach der Ankunft dort musste sich der Rekrut (*tiro*) einer mindestens viermonatigen Grundausbildung unterziehen, die vor allem aus Waffendrill, Schanzarbeiten und Märschen bestand. Nach erfolgreichem Abschluss dieser Grundausbildung wurde der Rekrut vereidigt und in seiner Einheit registriert (*in numeros referre*). Erst damit wurde der Rekrut zum Soldaten (*miles*), mit allen damit verbundenen Rechten und Pflichten.[78]

75 D 49,16,4 pr.
76 D 49,16,13,3.
77 Wilmans-Grunwald, Tauglichkeitskriterien, 43–44.
78 Wilmans-Grunwald, Tauglichkeitskriterien, 36.

5. Dauer des Militärdienstes

a. Soldaten bis zum Zenturio

Im Jahr 13 v. Chr. legte Augustus die Dienstzeit für Legionäre auf 16, jene für Prätorianer auf 12 Jahre fest.[79] Die aktive Dienstzeit wurde 6 n. Chr. vermutlich wegen des Mangels an ausgebildeten Soldaten um je 4 Jahre erhöht, sodass die Legionäre nunmehr 20, die Prätorianer 16 Jahre Dienst leisten mussten.[80] Wegen des Aufstandes der pannonischen Legionen kehrte Tiberius am Beginn seiner Regierungszeit zu einer Dienstzeit von 16 Jahren zurück,[81] doch nach kurzer Zeit wurde sie wieder auf 20 Jahre erhöht.[82] Die Dienstzeit der Auxiliarsoldaten betrug 25 Jahre, die der Flottenangehörigen sogar 28 Jahre.[83]

Für die Legionäre schloss sich an die aktive Dienstzeit (*sub aquila* – unter dem Legionsadler) eine Reservedienstzeit von vier bis fünf Jahren (*sub vexilla* – unter dem *vexillum*, dem Feldzeichen der getrennt organisierten Reservisten). Bei Soldatenmangel ist es auch geschehen, dass Soldaten wesentlich länger nicht entlassen wurden, wie Tacitus für die Zeit nach dem Tod des Augustus berichtet.[84] Die Unzufriedenheit darüber war ein entscheidender Grund für den Aufstand der pannonischen Legionen am Beginn der Regierungszeit des Tiberius.[85] Es ist daher davon auszugehen, dass die Soldaten auch nach Ableistung ihrer Dienstzeit keinen durchsetzbaren Rechtsanspruch auf die Entlassung hatten.[86]

Sogar nach ihrer Entlassung konnten Soldaten als *evocati* (Zurückgerufene) erneut verpflichtet werden. Dann hatten sie allerdings eine privilegierte Stellung, die häufig zum Zenturionat führte.[87] Seit der Regierungszeit des Tiberius wurden jedoch nur noch Prätorianer evoziert.[88] Es ist nicht ganz klar, ob ein Veteran auch gegen seinen Willen evoziert werden konnte. Jedenfalls legte das Institut der Evokation nahe, dass auch die Ableistung der gesamten Dienstzeit nicht vom grundsätzlichen Wehrdienst befreite.

b. Senatorische und ritterliche Offiziere

Der Militärdienst von Senatoren und Rittern war wesentlich kürzer, da er Teil ihres *cursus honorum* war, in dem militärische und zivile Karriere vereinigt waren.

79 Cass. Dio. 64,25.
80 Cass. Dio. 55,23.
81 Tac. ann. 1,51; Cass. Dio. 57,4.
82 Tac. ann. 1,78; Cass. Dio. 57,6.
83 Cass. Dio. 50,23.
84 Tac. ann. 1,17.
85 Tac. ann. 1,51; Cass. Dio. 57,4.
86 Jung, Rechtstellung, 909–910.
87 Junkelmann, Legionen, 103.
88 Kromayer/Veith, Heerwesen, 490.

Typischerweise trat ein junger Mann senatorischen Ranges als *tribunus laticlavus* mit Anfang zwanzig seine erste militärische Position an, die überhaupt die erste Station der Ämterlaufbahn war. Er war verpflichtet diese Position ein Jahr zu bekleiden, bei großem militärischem Interesse konnte der Tribun auch länger in dieser Funktion dienen. Nachdem er die ersten zivilen Stationen der Ämterlaufbahn (Quästur und Ädilität) hinter sich gebracht hatte, konnte er mit Ende zwanzig Legionskommandant (*legatus legionis*) werden. An einen erfolgreichen Dienst als Legionslegat schlossen sich die höchsten Stufen der zivilen Karriere (Prätur und Konsulat). Gewesene Prätoren und Konsuln schließlich konnten als Statthalter in die Provinzen gehen. Da praktisch alle Legionen in kaiserlichen Provinzen stationiert waren, waren die Statthalter dieser Provinzen (*legati provinciae*) die wichtigsten Truppenkommandanten des Reiches.[89]

Für Ritter bildete sich erst in der Mitte des ersten Jahrhunderts n. Chr. die folgende feste Ämterlaufbahn heraus. Der Militärdienst in Form der *tres militiae* bildete die ersten Stufen der ritterlichen Ämterlaufbahn. Zuerst wurde der Ritter Kommandant einer Auxiliarkohorte von 500 Mann Stärke. Der nächste Schritt war die Position als *tribunus angusticlavus* in einer Legion oder das Kommando über eine 1000 Mann starke Auxiliarkohorte. Den Abschluss der ritterlichen Militärlaufbahn bildete das Kommando über eine Hilfstruppen-Reitereinheit (*ala*), die aus 1.000 Mann bestand. Die einzelnen Stufen des ritterlichen Militärdienstes dauerten typischerweise ein bis einige Jahre. Danach übernahmen die Ritter in der Regel als *procuratores* zivile Aufgaben.[90]

Während also die einfachen Soldaten bis zu den Zenturionen einen bedeutenden Teil ihres Lebens in der Armee verbrachten, blieben die höheren Ränge nur einige Jahre in der Armee.

6. Auswirkungen des Heereseintritts auf den Status

Auf den *status libertatis* konnte der Heereseintritt dann Auswirkungen haben, wenn in Notzeiten Sklaven rekrutiert wurden. Da der bereits dargestellte Grundsatz, Unfreie nicht in die Armee aufzunehmen, durchgehend eingehalten wurde, mussten die Sklaven in diesem Fall vor dem Heereseintritt freigelassen werden. Ein besonderes Einzelbeispiel für einen Fall dieser Art bietet der Grabstein des Septimus Niger aus Carnuntum. Der Mann stammte aus dem Osten des Reiches und ist offenbar in die *legio XV apollinaris* eingetreten, als diese im Jüdischen Krieg kämpfte und wegen der Kampfhandlungen besonderen Bedarf an Rekruten hatte. Nach der Beendigung des Krieges kam er mit der Legion nach Carnuntum, wo er verstarb. Die Abbildungen auf dem Grabstein zeigen unter anderem eine Freigelas-

89 JUNKELMANN, Legionen, 117–118.

90 JUNKELMANN, Legionen, 119–120; BLEICKEN, Verfassungs- und Sozialgeschichte I, 300–301.

senenmütze (*pileus*), woraus zu schließen ist, dass der Mann für den Eintritt in die Armee freigelassen wurde.[91]

Sueton macht genauere Angaben über die Vorgehensweise bei der Aushebung von Sklaven- bzw. Freigelassenentruppen:

> Suet. Aug. 25,2
>
> *Libertino milite, praeterquam Romae incendiorum causa et si tumultus in graviore annona metueretur, bis usus est: semel ad praesidium coloniarum Illyricum contigentium, iterum ad tutelam ripae Rheni fluminis; eosque servos adhuc viris feminisque pecuniosioribus indictos ac sine mora manumissos, sub priore vexillo habuit, neque aut commixtos cum ingenuis aut eodem modo armatos.*
>
> Freigelassene als Soldaten hat er, abgesehen von Bränden in Rom und wenn man Unruhen wegen allzu hoher Getreidepreise befürchtete, nur zweimal benützt: einmal zum Schutz der Kolonien, die an der Grenze zu Illyrien lagen, das andere Mal zum Schutz des Rheinufers. Diese Sklaven, die von reichen Frauen und Männern gestellt und ohne Aufschub freigelassen wurden, stellte er in eigene Einheiten und vermischte sie weder mit Freigeborenen, noch bewaffnete er sie in derselben Weise.

Augustus verpflichtete also reiche Männer und Frauen, Sklaven zu stellen. Diese Sklaven wurden sofort freigelassen und bildeten strikt getrennte, eigene Einheiten, die mit eher untergeordneten militärischen Aufgaben (nämlich der Grenzsicherung) betraut wurden.[92]

Velleius Paterculus gibt eine ganz ähnliche Schilderung:

> Vell. 2,111,1
>
> *Habiti itaque delectus, revocati undique et omnes veterani, viri feminaeque ex censu libertinum coactae dare militem.*
>
> Daher wurden Aushebungen durchgeführt, von überall her wurden all Veteranen zurückgerufen, Männer und Frauen wurden gezwungen ex censu Freigelassene als Soldaten zu stellen.[93]

Die Beschreibung des Velleius bietet ein interessantes Detail: *Ex censu* wird von Welwei offenbar auf *viri feminaeque* bezogen, also so verstanden, dass diese ihrem Vermögen entsprechend Sklaven stellen mussten (wie auch Sueton nahe legt).[94] *Ex censu* könnte auch die Freilassungsform der *manumissio censu* bezeich-

91 Militärinschriften aus Carnuntum, Nr. 204. Anderer Ansicht sind aber BESZEDES/MOSER, Grabsteine, Nr. 45. Nach ihrer Ansicht steht der *pileus* für die Befreiung eines römischen bürgers aus fremder Sklaverei.

92 Suet. Aug. 25,2.

93 Die Beistrichsetzung vor bzw nach *ex censu* muss hier unterbleiben, um die Übersetzung dieser Stelle nicht auf eine der beiden möglichen Interpretationen festzulegen.

94 WELWEI, Unfreie, 18.

nen. Die *manumissio censu* kam zwar im Prinzipat außer Gebrauch (da der census außer Übung kam), doch unter Augustus ist diese Freilassungsform noch gut vorstellbar.[95] Worauf sich *ex censu* bezieht, lässt sich kaum eindeutig entscheiden. Sollte tatsächlich die Freilassungsart gemeint sein, geht daraus hervor, dass sich mit der Freilassung nicht nur der *status libertatis* sondern auch der *status civitatis* änderte. Die *manumissio censu* war nämlich eine jener Freilassungsarten, durch die Freigelassenen römische Bürger wurden.[96] Da Augustus jedoch die Freigelassenen in eigenen Truppenkörpern organisierte, die wohl keine Bürgertruppen waren, war das Bürgerrecht keine Voraussetzung für den Dienst in diesen Einheiten.

In jenen Fällen aber, in denen Sklaven wie Septimus Niger für den Dienst in den Legionen freigelassen wurden, musste ihnen mit der Freilassung auch das Bürgerrecht verliehen werden, da dieses Voraussetzung für den Dienst in den Legionen war. Im Falle des Septimus Niger bedeutete der Eintritt in die Armee also eine Änderung von *status libertatis* und *status civitatis* (also eine *capitis deminutio media*). Welche Rechtsform der Freilassung hier angewandt wurde, lässt sich mangels geeigneter Anhaltspunkte nicht sagen. Neben den privatrechtlichen Freilassungsformen, war auch eine Freilassung durch den Staat möglich, in diesem Fall sogar wahrscheinlicher.

Wenn freie *peregrini* in die Legionen eintraten, wurde ihnen mit ihrem Dienstantritt das Bürgerrecht verliehen, das während des gesamten Prinzipats zumindest pro forma Voraussetzung blieb. Besonders im Osten scheint diese Praxis der Bürgerrechtsverleihungen mit dem Heereseintritt seit jeher weit verbreitet gewesen zu sein. Mit der zunehmenden Ergänzung der Truppen aus ihren Standprovinzen ab Hadrian verbreitete sie sich zweifelsohne im ganzen Reich.[97] Es gibt keine quellenmäßigen Anhaltspunkte, in welcher Rechtsform solche Bürgerrechtsverleihungen geschah. Jedenfalls bewirkte der Heereseintritt in diesen Fällen eine Änderung des *status civitatis*.

Der Militärdienst hatte keinen Einfluss auf den *status familiae*. Wenn ein Haussohn eingezogen wurde, blieb er dennoch weiterhin in der *patria potestas* seines Vaters.[98] Genauso änderte auch der *status familiae* nichts an der Wehrpflicht des Sohnes. Die Wehrpflicht ging der *patria potestas* insofern vor, als der Vater seinem Sohn den Militärdienst nicht untersagen konnte.[99]

95 Gai. 1,17; 1,44; 1,144; KASER, Privatrecht I, 294.

96 KASER, Privatrecht I, 117–118.

97 KROMAYER/VEITH, Heerwesen, 480.

98 Diese Sachlage war der Grund für die Entstehung des *peculium castrense*, siehe dazu S. 44.

99 D 49,16,5,11–12; Suet. Aug. 24,1.

IV. Militärstrafrecht[100]

Eine der größten Stärken der römischen Armee war zweifelsohne ihre große Disziplin. Aus der Republik (besonders der älteren) sind zahlreiche Beispiele von ungeheuer harten Maßnahmen gegen Disziplinlosigkeiten überliefert. Berühmt ist etwa der von Livius überlieferte Fall des Manlius. Dieser ließ als Oberbefehlshaber seinen eigenen Sohn enthaupten, nachdem der gegen den Befehl des Vaters den Gegner angegriffen hatte, obwohl der Angriff erfolgreich verlaufen war.[101] Selbst wenn man davon ausgeht, dass manche dieser Nachrichten eher fabelhaften Charakter haben, werden zumindest einige einen wahren Kern haben. Außerdem zeigen sie, wie sich die Römer selbst gerne sahen.

Auch in der Kaiserzeit blieb die Disziplin in der römischen Armee äußerst hart. Es ist kein Zufall, dass das Rangabzeichen der Zenturionen ihre *vitis* war, der schwere Stock (oder die Gerte), den sie zur körperlichen Züchtigung ihrer Untergebenen benutzten. Ein besonders drastisches Beispiel für deren Gebrauch überliefert Tacitus in seinem Bericht über einen Zenturio mit dem Spitznamen „*cedo alteram*" („die nächste her"). Dieser Zenturio, der mit richtigem Namen Luculius hieß, schlug seine Soldaten nämlich derart fest, dass er seine vitis regelmäßig auf dem Rücken der Gezüchtigten zerbrach, und deshalb nach der nächsten verlangte.[102]

1. Militärstrafen

In *de poenis* gibt Modestin folgende Aufzählung von Militärstrafen:

> D 49,16,3,1 Modestinus libro quarto de poenis
>
> *Poenae militum huiuscemodi sunt: castigatio, pecuniaria multa, munerum indictio, militae mutatio, gradus deiectio, ignominiosa missio. Nam in metallum aut in opus metalli non dabuntur nec torquentur.*
>
> Die Militärstrafen sind die folgenden: Körperliche Züchtigung, Soldabzüge, Strafarbeiten, Versetzung, Degradierung, unehrenhafte Entlassung, denn zu beiden Arten der Bergwerksarbeit werden sie nicht verurteilt und auch nicht gefoltert.

100 Zum römischen Strafrecht im Allgemeinen siehe MOMMSEN, Strafrecht; SANTALUCIA, Verbrechen. Zum Militärstrafrecht siehe MOMMSEN, Strafrecht, 27–34; SANDER, Militärstrafrecht; JUNG, Rechtsstellung, 963–1008; WESCH-KLEIN, 147–178.

101 Liv. 8,7,15–22.

102 Tac. ann. 1,23.

Diese Auflistung enthält nur Militärstrafen im engeren Sinn, das heißt solche, die ausschließlich über Soldaten verhängt wurden. Die meisten Strafen, die Modestin nennt, nämlich Soldabzug, Schanzarbeit, Strafversetzung, Degradierung und unehrenhafte Entlassung (*missio ignominiosa*), waren auf Zivilisten gar nicht anwendbar. Auch die körperliche Züchtigung wurde traditionellerweise nicht gegenüber zivilen römischen Bürgern angewandt, während sie in der Armee ein zentrales Instrument zur Aufrechterhaltung der Disziplin war.[103]

Militärdelikte wurden nicht nur mit Strafen geahndet, die ausschließlich gegenüber Soldaten Anwendung fanden. Insbesondere die Todesstrafe wurde gegenüber Soldaten und Zivilisten angewandt. In der Republik gab es allerdings eine spezifische Hinrichtungsart für einfache Soldaten: das Xylokopein, eine Art Spießrutenlauf, bei denen der Soldat von seinen eigenen Kameraden zu Tode geprügelt wurde, während Offiziere vermutlich enthauptet wurden.[104] Das Xylokopein kam im frühen Prinizpat außer Gebrauch, und in der Severerzeit wurden auch einfache Soldaten üblicherweise durch Enthauptung hingerichtet.[105] Mit Ausnahme von Überläufern, die nicht mehr als Soldaten galten, waren Armeeangehörige in dieser Epoche keinen besonders grausamen Hinrichtungsformen wie Kreuzigung oder Tierhetze ausgesetzt.[106]

Modestin führt in seiner Aufzählung solche Strafen an, die über einzelne Soldaten verhängt wurden. Daneben gab es jedoch auch Strafen, mit denen das Fehlverhalten ganzer Truppenkörper geahndet wurde. In diesem Zusammenhang ist die für das drakonische Militärstrafrecht der Republik typische *decimatio* zu nennen, die dann angewandt wurde, wenn sich eine ganze Einheit eines mit dem Tod bedrohten Verbrechens schuldig gemacht hatte. Diese Strafe bestand darin, dass durch das Los ein Zehntel der Einheit ausgewählt und hingerichtet wurde, wobei die Ausgelosten durch Spießrutenlauf hingerichtet wurden. Der Rest der Einheit musste außerhalb des Lagers kampieren und erhielt statt Weizen Gerste als Verpflegung. Beides galt als sehr demütigend.[107] Die Dezimierung kam im frühen Prinzipat außer Gebrauch; das letzte Mal wurde sie 20 n. Chr. angewandt.[108] Die Juristen der Severerzeit erwähnen die Dezimierung überhaupt nicht mehr. In ihrer Zeit waren

103 MOMMSEN, Strafrecht, 984–985.

104 KROMAYER/VEITH, Heerwesen, 336.

105 Tac. ann. 3,21; SANDER, Militärstrafrecht, 290–291.

106 D 49,16,3,10.

107 KROMAYER/VEITH, Heerwesen, 336, 414, 534.

108 Tac. ann. 3,21; Sowohl *decimatio* als auch Xylokopein wurden in nachdiokletianischer Zeit nochmals angewandt, Amm. 29,5,22–25; 24,3,2. SANDER, Militärstrafrecht, 291, sieht darin „das bewußte Wiedererwecken eine alten Brauches aus einem romantischen Gefühl heraus". Das ist in der Sache nicht vollkommen falsch, doch scheint es mir für einen Autor, der in der zweiten Hälfte des 20. Jhds. schreibt, ausgesprochen zynisch und unpassend, die Wiedereinführung derart grausamer Strafen kommentarlos als romantisch zu bezeichnen.

die Auflösung der Einheit und die unehrenhafte Entlassung ihrer Mitglieder zur üblichen Strafe bei schweren Disziplinarverstößen ganzer Truppenkörper geworden.[109]

2. Militärdelikte

Menander führt am Beginn einer Auflistung von Militärdelikten aus, dass im römischen Militärstrafrecht alles geahndet wurde, was gegen die Disziplin verstieß und damit die militärische Zweckmäßigkeit störte.

> D 49,16,6 pr Arrius Menander libro terio de re militare
> *Omne delictum est militiae, quod aliter, quam disciplina communis exigit, committitur.*
> Alles ist ein Militärdelikt, was gegen das, was die allgemeine Disziplin verlangt, begangen wird.

Da sich im Vorhinein aber nicht beurteilen lässt, welche Handlungen in einer konkreten Einzelsituation den militärischen Zweck stören, gab es im römischen Militärstrafrecht keine festgelegte Anzahl von Delikten. Der allgemeine strafrechtliche Grundsatz, dass es ohne Gesetz keine Strafe geben kann, galt in diesem Bereich also nicht.[110] Die militärische Zweckmäßigkeit genoss damit eindeutig Vorrang vor der Rechtssicherheit der Betroffenen.[111] Mommsen kommt in seinem „Römischen Strafrecht" daher zu dem Schluss, dass man das Militärstrafrecht der Römer eigentlich nicht als „Kriegsrecht", sondern als „Kriegswillkür" bezeichnen müsse.[112]

Eine gewisse Vorhersehbarkeit der militärischen Strafpraxis begann unter Augustus, weil dieser konsequent für dasselbe Vergehen dieselbe Strafe verhängte.[113] Eine weitere Systematisierung des Militärstrafrechts brachten die militärrechtlichen Abhandlungen der Juristen der Severerzeit, in denen einzelnen Delikte detailliert behandelt und abgegrenzt wurden. Auch wenn diese Entwicklung zu größerer Rechtssicherheit führte, gab es aufgrund der offenen Definition des Militärdeliktes trotzdem keine abgegrenzte Zahl von Delikten.

Daher ist die folgende Darstellung von Soldatendelikten keine abschließende Aufzählung, sondern behandelt beispielhaft jene Delikte, mit denen sich die Juristen genauer beschäftigten. Besonders befassten sich die severischen Juristen mit den schweren Militärverbrechen, die mit dem Tod bedroht waren. Angesichts der Schwere der drohenden Konsequenzen erörterten sie Strafausschließungs- und Milderungsgründe genau. Mit der Aufrechterhaltung der alltäglichen Disziplin,

109 D 49,16,3,21.
110 MOMMSEN, Strafrecht, 57.
111 SANDER, Militärstrafrecht, 283, 289.
112 MOMMSEN, Strafrecht, 33.
113 SANDER, Militärstrafrecht, 290, der hier leider keinen quellenmäßigen Beleg angibt.

kleineren Verstößen und deren Ahndung haben sich die Juristen kaum beschäftigt. In diesem Bereich kann man daher mehr von militärischer Praxis als von Militärstrafrecht sprechen.

Menander unterscheidet die Delikte danach, ob Soldaten in besonderer Weise bestraft wurden oder ihnen dieselbe Strafe drohte wie Zivilisten.[114] In die erste Kategorie fielen einerseits solche Delikte, die überhaupt nur Soldaten begehen konnten (wie Desertion oder Fahnenflucht), andererseits solche, die auch Zivilisten begehen konnten, die aber bei Soldaten härter bestraft wurden (das galt beispielsweise für den betrügerischen Selbstverkauf[115] oder Majestätsbeleidigung[116]). Die nachfolgenden Ausführungen behandeln nur Delikte, die ausschließlich von Soldaten begangen werden konnte.

a. Abwesenheit von der Truppe

Im Bereich der unerlaubten Abwesenheit von der Truppe unterschieden die römischen Juristen zwei Vergehen: die schwerwiegendere *desertio* und die weniger streng bestrafte *emansio*. Wahrscheinlich war die *emansio* kein klar abgegrenztes Delikt, sondern ein Sammelbegriff für verschiedene harmlosere Formen der unerlaubten Abwesenheit von der Truppe.[117]

Modestin gibt zwei Unterscheidungskriterien zwischen *desertio* und *emansio* an: Die Freiwilligkeit der Rückkehr und die Dauer der Abwesenheit.[118] Andere Juristen geben genauere Angaben über diese Abgrenzung. Macer zitiert eine Entscheidung von Septimius Severus und Caracalla, aus der hervorgeht, dass Soldaten, die erst nach fünf Jahren zu ihrer Einheit zurückkehrten, auch wenn das freiwillig geschah, als Deserteure angesehen wurden.[119] Jung meint dazu mit Recht, dass man bei einer Abwesenheit von fünf Jahren davon ausgehen muss, dass der Abwesende, als er die Truppe verließ, keine Rückkehrabsichten hatte.[120] Paulus[121], Modestin[122] und Claudius Saturninus[123] stellen in ihren einschlägigen Ausführungen nur auf die Dauer der Abwesenheit ab.

Aus diesen Stellen ergib sich folgendes Gesamtbild: Das entscheidende Unterscheidungskriterium zwischen *desertio* und *emansio* war die Dauer der Abwesen-

114 D 49,16,2 pr.
115 D 48,19,14.
116 D 48,4,7,4.
117 JUNG, Rechtsstellung, 985–986.
118 D 49,16,3,2–3.
119 D 49,16.13,6.
120 JUNG, Rechtsstellung, 978–979.
121 D 49,16,14 pr.
122 D 49,16,3,7.
123 D 48,19,16,5.

heit. Wo die genaue Grenze zwischen den beiden Delikten lag und ob diese überhaupt zeitlich genau definiert war, geht aus den Quellen nicht hervor. Vermutlich lag der *emansio* die Vorstellung eines überschaubaren Zeitraumes zugrunde, der *desertio* hingegen ein nicht absehbarer Zeitraum.[124] Im Fall der längeren Abwesenheit galt ein Soldat jedenfalls als Deserteur, bei kürzerer Abwesenheit war weiter zu differenzieren: Bei freiwilliger Rückkehr war er nur *emansor*, andernfalls auch bei kurzer Abwesenheit *desertor*.

Desertio wurde grundsätzlich mit Hinrichtung geahndet. Die Juristen behandeln allerdings zahlreiche Fallkonstellationen, in denen Abwesende milder, in der Regel durch Degradierung oder Strafversetzung, bestraft wurden. Wenn die Abwesenheit solange dauerte, dass es sich jedenfalls um *desertio* handelte, war die freiwillige Rückkehr durch eine Entscheidung von Septimius Severus und Caracalla ein Strafmilderungsgrund. In diesem Fall wurde der Deserteur nicht mit dem Tod, sondern nur mit Strafversetzung bestraft.[125] Einen umfassenden Katalog von Strafzumessungskriterien gibt Menander, ohne genau darauf einzugehen, welche Auswirkungen die einzelnen Umstände auf die Höhe der Strafen hatten. Er führt den Rang, das Dienstalter und die Funktion des Deserteurs an.[126] Zumindest in Friedenszeiten waren die Juristen in vergleichsweise umfassender Weise bereit, auf die persönliche Situation der einzelnen Soldaten einzugehen: Sogar ein Verbotsirrtum des Betroffenen (also das Nichtkennen der entsprechenden Vorschrift) befreite von der Strafe.[127]

In Kriegszeiten wurde Desertion hingegen jedenfalls mit dem Tod bestraft.[128] Auch in anderen brisanten Situationen ließen die Juristen keine Milderungsgründe gelten: In jedem Fall wurden Soldaten hingerichtet, die im Zuge einer Patrouille desertierten,[129] mit der Desertion die Bewachung eines Vorgesetzen vernachlässigten[130], oder sich mehrfach der Desertion schuldig machten.[131]

Einen Sonderfall der unerlaubten Abwesenheit von der Truppe bildete schließlich das Überschreiten der gewährten Urlaubszeit. Auch hier bemühten sich die Juristen um eine differenzierte und den Umständen angepasste Beurteilung. Wenn der Soldat seine Verspätung nicht selbst zu verantworten hatte, wurde er nicht bestraft. Das wurde danach beurteilt, ob er rechtzeitig aufgebrochen war, und nach den Gründen seiner Verspätung: Krankheit oder höhere Gewalt entschuldigten

124 JUNG, Rechtsstellung, 978.
125 D 49,16,13,6; D 49,16,3,4.
126 D 49,16,5 pr.
127 D 49,16,4,15.
128 D 49,16,5,1.
129 D 49,16,3,4.
130 D 49,16,3,6.
131 D 49,16,5,3.

beispielsweise.[132] Ansonsten galt er je nach der Dauer seiner Abwesenheit als *desertor* oder *emansor*.

b. Überlauf

Der Überlauf zum Feind (*transfuga*) wurde mit ganz besonderer Härte bestraft. Soldaten wurden üblicherweise nicht gefoltert oder wilden Tieren vorgeworfen wurden. Bei dem ganz besonders schweren Delikt des Überlaufs musste der Betroffene jedoch mit beidem rechnen.[133] Ein Überläufer wurde nämlich nicht mehr als Soldat, sondern als Feind angesehen, weshalb er in einer Weise behandelt wurde, die sonst gegenüber Soldaten nicht zur Anwendung kam.[134]

Allerdings war davor nötig herauszufinden, ob ein vom Feind zurückgekehrter beziehungsweise beim Feind aufgegriffener Soldat tatsächlich ein Überläufer war. Immerhin konnte es sich auch um einen Kriegsgefangenen handeln, der eine Möglichkeit zur Flucht genützt hatte. Wenn man auf sonstige Weise nicht klären konnte, ob der Zurückgekehrte ein Überläufer war oder nicht, blieb man auf dessen Aussage angewiesen. Hadrian hatte entschieden, dass der Soldat dann glaubwürdig war, wenn er schon vorher ein *bonus miles* gewesen war, dass ihm hingegen nicht zu glauben war, wenn er sich bereits früher Vergehen hatte zuschulden kommen lassen.[135]

Vermutlich im selben Reskript gab Hadrian auch gefassten Überläufern eine Möglichkeit, straffrei zu werden. Wenn der Überläufer nämlich andere Überläufer anzeigte oder viele Straßenräuber (vermutlich desertierte oder übergelaufene Soldaten[136]) fassen konnte, wurde er nicht bestraft. Hadrian betont ausdrücklich, dass nicht das bloße Versprechen entsprechender Taten zur Straffreiheit führte, sondern nur deren tatsächliche Ausführung.[137]

Nicht nur Soldaten, die ihre Einheit verließen, um zum Feind überzugehen, wurden als Überläufer angesehen. Auch wer als Kriegsgefangener die Gelegenheit zur Rückkehr nicht nutzte, wurde wie ein Überläufer bestraft. Die Unterlassung der Rückkehr trotz der Möglichkeit dazu, war damit dem aktiven Überlauf vollkommen gleichgehalten. Außerdem wurde als Überläufer bestraft, wer „im Lager gefangen" genommen wurde.[138] Damit sind wohl Soldaten gemeint, die nicht im Kampf, also ohne Gegenwehr gefangen genommen wurden. Dass im Kampf trotz Gegenwehr gefangen genommene Soldaten keine Überläufer waren, war selbstver-

132 D 49,16,14 pr; D 49,16,3,7.
133 D 49,16,3,10.
134 D 49,15,7.
135 D 49,16,5,6.
136 WESCH-KLEIN, Soziale Aspekte, 268.
137 D 49,16,5,8.
138 D 49,16,5,5.

ständlich. Menander und (fast wortgleich) Modestin betonen jedoch ausdrücklich, dass Soldaten, die auf Botengängen gefangen wurden, nicht als Überläufer zu bestrafen waren.[139] In diesem Fall wurden die Soldaten zwar nicht in der Schlacht gefangen genommen, aber doch während der Erfüllung ihrer Pflicht in einer exponierten Situation.

Schließlich wurde auch der versuchte Überlauf mit Hinrichtung bestraft. In seinen Ausführungen erwähnt Modestin für diesen speziellen Fall weder Folter noch Tierhetze.[140] Möglicherweise ist daraus zu folgern, dass diese besonders harten Strafen nur bei vollendetem Überlauf angewandt wurden. Solange der Betroffene nicht tatsächlich übergelaufen war, blieb er römischer Soldat und wurde als solcher bestraft. Erst nach vollendeter *transfuga* galt er hingegen als Feind und war damit einer besonders grausamen Bestrafung ausgesetzt.[141]

c. Ungehorsam

Der römische Soldat schuldete absoluten Gehorsam und hatte jeden Befehl zu befolgen. Selbst wenn nicht-befehlsgemäßes Handeln zum Erfolg geführt hatte, wurde der Soldat, der einen Befehl missachtet hatte, zumindest im Krieg mit Hinrichtung bestraft.[142]

Die kollektive Disziplin wurde in der römischen Armee weit wichtiger genommen als wagemutige Einzelaktionen. Wer aus der Schlachtreihe ausscherte, um auf eigene Faust zu kämpfen, wurde, wie Modestin ausführt. je nach der Schwere des Falles mit Stockschlägen oder Degradierung bestraft. Modestin meint hier eindeutig nicht (Fahnen)Flucht, sondern das Verlassen der Schlachtreihe zum Einzelkampf.[143] Der Soldat, der als erster aus der Schlachtreihe flüchtete, wurde hingerichtet.[144]

Anführer eines Aufruhrs (also kollektiven Ungehorsams) wurden mit dem Tod bestraft.[145] Wenn sie sich jedoch eine bereits aufgeheizte Stimmung zunutze machten, wurde das strafmildernd berücksichtigt, und die Anführer nur degradiert.[146]

Eine besondere Form des Ungehorsams waren Tätlichkeiten gegenüber Vorgesetzten. Die Bestrafung richtete sich hier nach dem Rang des Angegriffenen. Wer

139 D 49,16,3,12; D 49,16,5,5.

140 D 49,16,3,11.

141 JUNG, Rechtsstellung, 990.

142 D 49,16,3,15; siehe dazu auch Liv. 8,7,15–22 über Manlius, der seinen eigenen Sohn wegen Befehlsverweigerung hinrichten ließ, obwohl dieser erfolgreich gewesen war.

143 D 49,16,3,16.

144 D 49,16,6,3.

145 D 49,16,3,19.

146 D 49,16,3,20.

etwa einen Oberkommandeur oder Provinzstatthalter angriff, wurde jedenfalls hingerichtet.[147]

Differenziert beurteilt wurden Tätlichkeiten gegenüber einem Vorgesetzten (in der Regel einem Zenturio), der untergebene Soldaten mit Stockschlägen züchtigte. Dass bloße Festhalten des Stockes wurde „nur" mit Degradierung geahndet, da man darin offenbar eine irgendwie nachvollziehbare Abwehrreaktion sah. Zerbrechen des Stockes oder ein Angriff auf den Zenturio wurde hingegen als schwerer Ungehorsam mit dem Tod bestraft.[148]

d. Weitere Militärdelikte

Wer aus Furcht vor dem Feind eine Krankheit vortäuschte, wurde hingerichtet.[149] Ebenso wurde bestraft, wer einen Selbstmordversuch vortäuschte, um einem Kampf zu entgehen.[150]

Wer wegen Alkohols oder eines sonst ausschweifenden Lebens seine Dienstpflichten nicht nachkam, wurde strafweise versetzt.[151]

Die Strafe für die Verletzung eines Kameraden hing von der Gefährlichkeit der verwendeten Waffe ab: Wer einen anderen Soldaten mit einem Stein verletzte, wurde aus der Armee ausgestoßen (*missio ignominiosa*); geschah die Verletzung hingegen mit dem Schwert, wurde der Angreifer hingerichtet.[152]

Gegenüber seinen Vorgesetzten traf den römischen Soldaten eine besondere Schutzpflicht. Wenn er seinen Vorgesetzten nicht schützte oder im Stich ließ und dieser deshalb ums Leben kam, wurde der Soldat mit dem Tod bestraft.[153] Wenn ein Soldat jedoch gar keine Möglichkeit hatte, seinem Vorgesetzten zu helfen, wurde er nicht bestraft.[154]

Ebenfalls bestraft wurde das Verkaufen oder Abhandenkommen von Waffen und Ausrüstung. Fahrlässiger Verlust und bewusster Verkauf waren hier grundsätzlich gleichgestellt.[155] Paulus behandelt dieses Thema sehr differenziert. Er bemisst die Strafe danach, welche Gegenstände ein Soldat verkaufte hatte. Beim Verkauf aller oder besonders wichtiger Waffen wurde er hingerichtet, andernfalls nur mit

147 D 49,16,6,1.
148 D 49,16,13,4.
149 D 49,16,6,5.
150 D 49,16,6,7.
151 D 49,16,7,7.
152 D 49,16,6,6.
153 D 49,16,3,22; D 49,16,6,8–9.
154 D 49,16,6,8.
155 D 49,16,3,13.

Stockschlägen bestraft. Außerdem nimmt Paulus auf die Unerfahrenheit von Rekruten oder eine Unachtsamkeit des Waffenmeisters Rücksicht.[156]

Schließlich wurde auch der Verrat militärischer Geheimnisse mit dem Tod bestraft.[157]

156 D 49,16,14,1.
157 D 49,16,6,4.

V. Vermögensrechtliche Stellung[158]

1. Einkünfte

a. Sold[159]

Der Sold römischer Soldaten war nach Rang und Truppengattung gestaffelt. Er wurde im Lauf der Kaiserzeit mehrmals erhöht. Diese Erhöhungen bedeuteten aber nicht, dass die Soldaten tatsächlich mehr verdienten, vielmehr waren sie in erster Linie eine Anpassung an die fortschreitende Inflation.[160]

Beim Tod des Augustus betrug der Sold eines Legionärs 900 Sesterzen (= 225 Denare) im Jahr.[161] Prätorianer und Stadtsoldaten erhielten mit 3 000 Sesterzen beziehungsweise 1 500 Sesterzen deutlich mehr. Die Besoldung der Auxiliarsoldaten variierte je nach Truppengattung: Fußsoldaten in Bürgerkohorten sowie Reiter in gemischten Kohorten wurden genauso wie Legionäre bezahlt (je 900 Sesterzen). Legionsreiter und Reiter in Auxiliarkohorten erhielten mit 1 050 Sesterzen etwas mehr, während normale Auxiliarinfanteristen mit 750 Sesterzen weniger bekamen. Die *principales* erhielten teils die eineinhalbfache Entlohnung eines Legionärs (*sequiplicarii*), teils das Doppelte (*duplicarii*). Zenturionen erhielten grundsätzlich den 15-fachen Legionärssold (13 500 Sesterzen), *primipili* sogar den 60-fachen (54 000 Sesterzen).[162] Noch höher war das Einkommen der ritterlichen und senatorischen Offiziere. Die Spitze der Pyramide bildete die Million Sesterzen, die ein Provinzlegat im Jahr erhielt.[163]

Die von Augustus festgelegte Besoldung blieb bis Domitian bestehen, der den Sold um ein Drittel erhöhte.[164] Die nächste Erhöhung unter Septimius Severus

158 Zur finanziellen Situation der Soldaten siehe RENZ, Legal Position, 50–62; SPEIDEL, Pay Scales; ALSTON, Roman Military Pay, 113–123; WESCH-KLEIN, Soziale Aspekte, 45–60. Zur wirtschaftlichen Bedeutung der Armee siehe WIERSCHOWSKI, Heer und Wirtschaft.

159 Die Singularform *stipendium* bezeichnet den Sold, während mit dem Plural *stipendia* die Dienstjahre gemeint sind. Die Entlohnung der ritterlichen und senatorischen Offiziere wurde hingegen als *salarium* bezeichnet. Hierzu WESCH-KLEIN, Soziale Aspekte, 48 Fn. 21.

160 Die genaue rangmässige Staffelung des Soldes, sowie das exakte Ausmaß der einzelnen Erhöhungen ist in der Forschung bis heute nicht bis ins letzte Detail geklärt. Eine aktuelle Zusammenstellung des Forschungsstandes findet sich bei WESCH-KLEIN, Soziale Aspekte, 48–54.

161 Tac. ann. 1,17.

162 WESCH-KLEIN, Soziale Aspekte, 50; JUNKELMANN, Legionen, 121–122.

163 Cass. Dio. 78,22,5.

164 Suet. Dom. 7,8.

brachte eine Verdoppelung des Soldes.[165] Sein Sohn Caracalla erhöhte den Sold nochmals um die Hälfte.[166] Die letzte Erhöhung (die erneut eine Verdoppelung des Soldes bedeutete) nahm Maximinus Thrax vor.[167]

Daraus ergibt sich folgendes Bild von der Entwicklung des Soldes (in Sesterzen):

	Augustus	Domitian	Septimius Severus	Caracalla	Maximus Thrax
Legionär	900	1.200	2.400	3.600	7.200
Sequiplicarius	1.350	1.800	3.600	5.400	10.800
Duplicarius	1.600	2.400	4.800	7.200	14.400
Legonsreiter	1.050	1.400	2.800	4.200	8.400
Zenturio	13.500	18.000	36.000	54.000	108.000
Primipilus	54.000	72.000	144.000	216.000	432.000
Prätorianer	3.000	4.000	8.000	12.000	24.000
Stadtsoldat	1.500	2.000	4.000	6.000	12.000
Auxiliarreiter	1.050	1.400	2.800	4.200	8.400
Auxuiliarreiter (gem. Kohorte)	900	1.200	2.400	3.600	7.200
Auxiliarinfanterist	750	1.000	2.000	3.000	6.000

Der Sold wurde während des gesamten Prinzipats dreimal jährlich ausgezahlt: am jeweils ersten Jänner, Mai und September.[168] Die Soldaten erhielten jedoch nicht den ganzen Sold ausbezahlt; vorher wurden größere Teile für Waffen, Kleidung, Verpflegung etc abgezogen.[169] Das erklärt sich daraus, dass der Sold in der frühen Republik nicht als Entlohnung, sondern als eine Art Aufwandersatz eingeführt worden war. Diese Abzüge konnten leicht mehr als die Hälfte des Soldes ausmachen.[170]

b. Donative

Die Praxis von Geldgeschenken an die Soldaten geht auf Augustus zurück, der seine Armee zweimal mit Donativen bedachte: Als sein Enkel und Adoptivsohn Gaius Caesar erstmals an militärischen Übungen teilnahm und bei seinem Tod.

165 Herodian 3,8,5; SHA Sept. Sev. 12,2.
166 Herodian 4,4,7.
167 Herodian 6,8,8.
168 WESCH-KLEIN, Soziale Aspekte, 50.
169 Ob die Ausrüstungsgegenstände Eigentum der Soldaten waren oder nicht, ist sehr unklar. Eine ausgiebige Diskussion, die auch nicht zu einem eindeutigen Ergebnis kommt, findet sich bei: WESCH-KLEIN, Soziale Aspekte, 63–67.
170 JUNKELMANN, Legionen, 122.

Augustus hinterließ jedem Legionär 300 Sesterzen, jedem Stadtsoldaten 500 und den Prätorianern je 1000 Sesterzen.[171] Tiberius verdoppelte diese Summen aus seinem eigenen Vermögen.[172]

Regierungsantritt und besondere Ereignisse in der kaiserlichen Familie blieben weiterhin typische Anlässe für Donative, deren Summen immer höher wurden.[173] Herausragende politische Bedeutung hatten die Donative an die Prätorianer, wenn es mehrere Bewerber um die Herrschaft gab: Den Höhepunkt erreichte diese Entwicklung mit Didius Julianus (193 n. Chr.), der jedem Prätorianer 30 000 Sesterzen bezahlte.[174] Da diese Zahlungen von Thronanwärtern bereits vor der endgültigen Erringung der Herrschaft versprochen wurden, nahmen sie den Charakter von Bestechungsgeldern an.

Neben diese unregelmäßigen Donativen zu besonderen Ereignissen traten seit Claudius auch regelmäßige Geldgeschenke. Dieser Kaiser schenkte den Prätorianern seit dem Jahr 42 jährlich am Jahrestag seines Herrschaftsantritts 100 Sesterzen.[175] Auch die Höhe dieser regelmäßigen Geldgeschenke stieg im Lauf der Zeit deutlich an. Hinzu kamen weitere regelmäßige Donative am Geburtstag des Kaisers sowie am 1. Jänner (dem Tag, an dem die Konsuln ihr Amt antraten). Diese regelmäßigen Donative erhielten nunmehr auch die Legionäre. Im Lauf des zweiten Jahrhunderts wurden auch die Auxiliarsoldaten, die bis dahin überhaupt keine Donative erhalten hatten, bei den Geldgeschenken mitbedacht. Am Ende des dritten Jahrhunderts hatten die Donative ein solches Ausmaß erreicht, dass ihr Anteil am Einkommen der Soldaten weit größer war, als der eigentliche Sold.[176]

Während des Prinzipats wurden größere Teile der Donative nicht an die Soldaten ausbezahlt, sondern für sie angespart, um nach der Entlassung eine Starthilfe für das Zivilleben zu bilden. Im Laufe des dritten Jahrhunderts wurden die Donative schließlich ganz ausbezahlt.[177]

c. *Weitere Einkünfte*

Bei seinem Eintritt in die Armee erhielt ein Rekrut ein *viaticum* von 300 Sesterzen. Dieses Wegegeld diente zur Abdeckung von Kosten, die sich aus dem Heereseintritt ergaben, wie etwa dem finanziellen Aufwand für die Anreise.[178]

171 Suet. Aug. 101,2; Tac. ann. 1,8,2; Cass. Dio. 56,32,3; 57,5,3; 57,6,4.
172 Suet. Tib. 48,2.
173 Wesch-Klein, Soziale Aspekte, 54–55.
174 SHA Did. 3,2.
175 Cass. Dio. 60,12,4.
176 Wesch-Klein, Soziale Aspekte, 57–58.
177 Veg. mil. 2,20; Jung, Rechtsstellung, 947.
178 Wesch-Klein, Soziale Aspekte, 60–61.

Soldaten, die in Friedenszeiten längere Märsche unternehmen mussten, erhielten ein „Nagelgeld" (*clavarium*), um die durch den Marsch abgenutzten Nägel an ihren Sandalen zu ersetzen.[179] Seit dem zweiten Jahrhundert bekamen zumindest die Soldaten von Reitereinheiten ein „Futtergeld" (*faenarium, hordiarium*) für die Versorgung ihrer Tiere.[180] Mit den Severerkaisern begann die Praxis, einzelne Soldaten für besondere Verdienste durch hohe Geldsummen (*praemia*) zu belohnen.[181]

Schließlich waren Soldaten mit jenen Waren, die sie zum eigenen Gebrauch oder ihrer Ernährung mit sich führten, von der Verzollung befreit, nicht aber mit solchen Waren, mit denen sie handeln wollten.[182]

d. Anteil an der Beute

Die Feldzugsbeute fiel an den römischen Staat. Wer Beutegegenstände unterschlug, beging Pekulat und wurde nach der *lex Julia Peculatus*[183] bestraft.[184]

Die Soldaten waren verpflichtet, erbeutete Gegenstände an die Tribunen abzuliefern. Gellius legt allerdings nahe, dass die Soldaten Gegenstände geringen Wertes nicht aushändigen mussten.[185] An diesen Gegenständen erwarben sie möglicherweise originär Eigentum. Der Kaiser als Oberbefehlshaber konnte die Beute an die Soldaten verteilen,[186] wie es schon in der Republik üblich war, dass der Feldherr einen Teil der Beute seinen Soldaten überließ. Es entsprach also der Tradition, dass ein „guter" Feldherr seine Soldaten an der Beute teilhaben ließ. Ein einklagbarer Rechtsanspruch der Soldaten darauf bestand offenbar nicht. Wenn das nicht geschah, fühlten sich die Soldaten ungerecht behandelt, obwohl der Feldherr dazu berechtigt war.[187] Eine Möglichkeit, die Soldaten zu beteiligen, war, ihnen eine Stadt zur Plünderung zu überlassen. In diesem Fall erwarben die Soldaten vermutlich originär Eigentum an den Beutestücken.[188]

179 Tac. hist. 3,50.

180 WESCH-KLEIN, Soziale Aspekte, 48.

181 WESCH-KLEIN, Soziale Aspekte, 59–60.

182 Zollgesetz der Provinz Asia §§ 25–26. ENGELMANN/KNIBBE, Zollgesetz der Provinz Asia, 86–88.

183 Zu dieser *lex* siehe MOMMSEN, Strafrecht, 762 Fn.1, der vermutet, dass das Gesetz aus der Zeit Caesars stammt.

184 D 48,13,15.

185 Pol. 10,16,2–9; Gell. 16,4,2.

186 Jos bell Iud 7,1,3.

187 Tac. hist. 3,19,2; SANDER, Recht des Soldaten, 186, nimmt hingegen ein Recht der Soldaten an, ohne zwingende Belege anführen zu können. Vermutlich ist es auch in diesem Bereich kaum möglich, den *mos maiorum* scharf von Rechtsregelungen zu trennen.

188 JUNG, Rechtstellung, 938; WESCH-KLEIN, Soziale Aspekte, 48. Dem Ergebnis, dass die Soldaten keinen Rechtsanpsruch auf die Beute hatten, scheinen jene Rechtstexte zu widersprechen, die von einem originären Eigentumserwerb von Einzelpersonen an *res hostiles* oÄ sprechen (Gai. 2,69; D 41,1,51,1). Diese Stellen beziehen sich vermutlich auf den Erwerb von Feindesgut

e. Ersparnisse, Darlehen und Begünstigungen

Wie bereits ausgeführt, mussten die Soldaten im Prinzipat die Hälfte der Donativzahlungen bis zu ihrer Entlassung beim Signifer hinterlegen.[189] Diese Zwangshinterlegungen wurden als *seposita* bezeichnet, im Gegensatz zu *deposita*, die Soldaten freiwillig hinterlegten. Auch diese wurden vom Signifer verwaltet. Außerdem hatten Soldaten die Möglichkeit, von der Truppe Geld zu borgen. Die aufgenommenen Summen wurden mit den Soldzahlungen verrechnet. Offenbar borgten Soldaten aber eher Geld von ihren Kameraden aus, wie sie auch die Möglichkeit nützten, Geld „privat" (zB in Begräbniskassen) zu hinterlegen.[190]

Soldaten waren auch privilegiert, falls sie gepfändet wurden. Sie konnten nicht zu mehr verurteilt werden, als sie tatsächlich leisten konnten. Caracalla legte 216 n. Chr. eine Pfändungsreihenfolge für Soldaten, nach der der Sold als allerletztes zu pfänden war.[191]

2. Wirtschaftliche Beschränkungen

a. Immobilien

Soldaten konnten in der Provinz, in der sie stationiert waren, keine Grundstückeerwerben.[192] Sie sollten durch landwirtschaftliche Arbeit auf ihrem Grund nicht von ihren militärischen Aufgaben abgelenkt werden. Aus demselben Grund war für Soldaten auch die Pacht eines Grundstücks in ihrer Standprovinz verboten. Grundstücke, die Soldaten gegen dieses Verbot erwarben, wurden vom Fiskus eingezogen. Wenn allerdings bis zur Entlassung des Soldaten keine Untersuchung eingeleitet worden war, wurde ihnen das Grundstück nicht entzogen; mit seinem Ausscheiden aus dem Heeresdienst fiel der Grund für das Verbot weg. Dies galt jedoch nicht für unehrenhaft Entlassene.[193] Auch durch Strohmänner konnten sie Grundstücke nicht erwerben; Umgehungsgeschäfte waren also unwirksam. In anderen Provinzen galt dieses Erwerbsverbot nicht. Bei derart weit entfernten Grundstücken war klar,

durch römische Zivilisten, möglicherweise an Gegenständen, die von der Armee zurückgelassen worden waren (so JUNG, Rechtstellung, 938; KASER, Privatrecht I, 425).

189 JUNG, Rechtsstellung, 947 bezieht diese Regelung nicht nur auf die Donative, sondern auch auf den Sold, obwohl das in der Formulierung des Vegetius (mil 2,20) keine Deckung findet.

190 WESCH-KLEIN, Soziale Aspekte, 60–62, Fn. 108.

191 C 7,53,4; D 42,1,6 pr; dazu JUNG, Rechtsstellung, 960–963.

192 D 49,16,13 pr–2; D 49,16,9.

193 Das ergibt sich indirekt aus D 19,2,50. Modestin führt hier aus, dass der Vertragspartner eines Soldaten das Entgelt aus einer *locatio conductio* dann fordern konnte, wenn er von dessen Soldateneigenschaft nichts wusste, weil , anders als der Soldat, nicht gegen die militärische Disziplin verstieß. Daraus ist zu schließen, dass der Soldat die Leistung seines Partners nicht beanspruchen konnte. Der Vertrag kam nicht zustande, doch wenn der *locator* von der Soldateneigenschaft nichts wußte, konnte er den Pachtzins dennoch verlangen. JUNG, Rechtsstellung, 945.

dass ein Soldat sie nicht selbst bewirtschaften konnte, weshalb die Gefahr der Ablenkung von den militärischen Pflichten nicht gegeben war. Auch der Kauf eines Hauses ohne landwirtschaftlichen Grund barg diese Gefahr nicht in sich und war daher erlaubt.[194]

Es gab zwei Ausnahmen vom Erwerbsverbot: Ererbte Grundstücke konnten die Soldaten behalten. Daraus ergibt sich im Umkehrschluss, dass Grundstücke, die auf andere Weise unentgeltlich erworben wurden, dem Verbot unterlagen.[195] Außerdem erlaubten Septimius Severus und Caracalla Soldaten, solche Grundstücke (zurück) zu kaufen, die der Fiskus ihnen wegen Steuerschulden entzogen hatte.[196]

b. Sonstige gewerbliche Tätigkeiten

Die Frage, ob Soldaten neben ihrem Dienst gewerblichen Tätigkeiten nachgehen durften, ist in der modernen Forschung umstritten. Ausgangspunkt ist folgender Text von Macer, in dem dieser Paternus zitiert.

> D 49,16,12 pr–1 Macer libro primo de re militari
>
> *Officium regentis exercitum non tantum in danda, sed etiam in observanda disciplina constitit. (1) Paternus quoque scripsit debere eum, qui se meminerit armato praecasse, parcissime commeatum dare, equum militarem extra provinciam duci non permittere, ad opus privatum piscatum venatum militem non mittere nam in disciplina Augusti ita cavetur: ‚Etsi scio fabrilibus operibus exerceri milites non esse alienum, vereor tamen, si quicquam permisero, quod in usum meum aut tuum fiat, ne modus in ea re non adhibeatur, qui mihi sit tolerandus‘*
>
> Die Pflicht des Befehlshabers eines Heeres besteht nicht nur im Befehlen, sondern auch im Aufrechterhalten der Disziplin. (1) Auch Paternus hat geschrieben, der, der sich darüber bewusst ist, Soldaten zu befehligen, dürfe nur sehr sparsam Urlaub erteilen, nicht erlauben, dass ein Militärpferd aus der Provinz geführt wird, den Soldaten nicht zu privaten Arbeiten, zum Fischen, zur Jagd schicken, denn in der disciplina Augusti ist es so vorgeschrieben: ‚Auch wenn ich weiß, dass es nichts Ungewöhnliches ist, Soldaten in handwerklichen Arbeiten ausbilden zu lassen, fürchte ich dennoch, es würde das für mich tragbare Maß überschreiten, wenn ich etwas gestatte, das zu meinem oder deinem Nutzen geschieht.‘

Sander leitet aus diesem Text ein generelles Verbot gewerblicher Tätigkeit für Soldaten ab, wobei er davon ausgeht, dass dieses Verbot nicht strikt eingehalten

194 JUNG, Rechtsstellung, 942–943.
195 D 49,16,9,1; JUNG, Rechtsstellung, 945.
196 D 49,16,9 pr; D 18,1,62 pr.

wurde und mit dem Ende des zweiten Jahrhunderts wegfiel:[197] Jung betont demgegenüber mit Recht, dass sich die Vorschrift, die Macer hier zitiert, nicht an einfache Soldaten, sondern an den Feldherrn richtete.[198] Ob sich die Soldaten selbst gewerblich betätigen durften, geht aus dem Text überhaupt nicht hervor. Nur den Feldherrn wurde verboten, die Soldaten für private, also nicht-militärische Zwecke einzusetzen. Außerdem macht die Stelle deutlich, dass die handwerkliche Ausbildung von Soldaten in der römischen Armee Tradition hatte. Das brachte zwei Vorteile mit sich: Die Armee war für diverse Arbeiten nicht auf zivile Kräfte angewiesen, und die Soldaten erhielten eine Ausbildung, die ihnen nach der Rückkehr ins Zivilleben nützlich sein konnte. Sander selbst führt einige Beispiele für die gewerbliche Betätigung von Soldaten an, wie die Pacht der Heuernte für die militärischen Nutztiere, oder die Pacht der Kantine durch einen *primipilus* in Carnuntum.[199] Auch Wesch-Klein kommt zu dem Ergebnis, dass sich Soldaten gewerblich betätigen durften.[200]

197 SANDER, Recht des Soldaten, 213.
198 JUNG, Rechtsstellung, 940.
199 SANDER, Recht des Soldaten, 214–15.
200 WESCH-KLEIN, Soziale Aspekte, 62 Fn. 106.

VI. Das *peculium castrense*

1. Entwicklung des *peculium castrense*

Römische Haussöhne waren nicht vermögensfähig. Was sie erwarben, wurde Eigentum ihres *pater familias*. Der Hausvater konnte seinem gewaltunterworfenen Sohn zwar ein *peculium* überlassen, doch an der rechtlichen Zuordnung des Vermögens änderte das nichts. Der Hausvater konnte seinem Sohn das *peculium* jederzeit entziehen und der Sohn konnte letztwillig nicht über Gegenstände des *peculium* verfügen.[201]

Die Situation war unpraktisch bei gewaltunterworfenen Soldaten, die oft lange und weit von ihrem Vater entfernt waren.[202] Als es mit Augustus Berufssoldaten gab, die größere Teile ihres Lebens in der Armee verbrachten, wurde das noch unpraktischer. Augustus gestattete gewaltunterworfenen Soldaten über das, was sie als Soldaten erworben hatten, frei zu testieren, und schuf damit die Grundlage des *peculium castrense.*

> UE 20,10
> *Filius familiae testamentum facere non potest, quoniam nihil habet, ut testari de eo possit. Sed divus Augustus constituit, ut filius familiae miles de eo peculio, quod in castris adquisivit testamentum facere potest.*
> Ein Haussohn kann kein Testament errichten, weil er nichts hat, über das er testieren könnte. Der vergöttlichte Augustus aber hat festgelegt, dass ein Haussohn, der Soldat ist, über das peculium, das er durch den Militärdienst erworben hat, ein Testament errichten kann.

Die Grundlegung des Privilegs durch Augustus bestätigt auch ein Abschnitt in den Institutionen Justinians, der außerdem noch die weitere Entwicklung des *peculium castrense* im Zusammenhang mit der Testiermöglichkeit behandelt.

> Inst. 2,12 pr
> *Exceptis his quos antea enumeravimus et praecipue militibus qui in potestate parentum sunt, quibus de eo quod in castris adquisierint permissum est constitutionibus principum testamentum facere. Quod quidem initio tatum militantibus datum est tam ex auctoritate divi Augusti quam Nervae nec non*

201 Siehe dazu nur KASER, Privatrecht I, 343.

202 Die ähnlich gelagerte Problematik von Haussöhnen, die auswärts studierten behandelt WILLVONSEDER, Studium und patria potestas, 43–51.

> *optimi imperatoris Trajani, posteavero subscriptione divi Hadriani etiam dimissis militia, id est veteranis, concessum est.*
> Ausgenommen sind die vorher Aufgezählten und zwar besonders die Soldaten, die unter der Gewalt ihres Vaters stehen, denen durch kaiserliche Konstitutionen gestattet ist über das, was sie durch den Militärdienst erworben haben, ein Testament zu errichten. Dieses Recht wurde ursprünglich kraft der Autorität des vergöttlichten Augustus sowie Nervas, aber auch des hervorragenden Kaisers Trajan nur den aktiven Soldaten gewährt, später aber durch eine Vorschrift des vergöttlichten Hadrian auch den aus dem Militärdienst Entlassenen, das heißt den Veteranen, zugestanden.

Das *peculium castrense* wurde von Augustus nicht als fertiges Rechtsinstitut geschaffen. Vielmehr entwickelte es sich bis in das zweite Jahrhundert, und mit der Entwicklung und Ausdehnung änderte sich auch die dogmatische Einordnung. Unter Augustus glich der gewaltunterworfene Soldat noch stark anderen Pekulieninhabern, wenn er ihnen gegenüber durch die Testiermöglichkeit auch bevorzugt war.[203]

Die Privilegierung wurde von späteren Kaisern erweitert. Leider ist, mit Ausnahme der Erweiterungen durch Hadrian nicht klar, welche Vergünstigungen auf welchen Kaiser zurückgehen. Auffällig ist jedenfalls, dass mit Nerva und Trajan Kaiser genannt werden, deren Verfügungen auch Ulpian im Zusammenhang mit der Erweiterung des Soldatentestaments anführt.[204] Hier wird der enge Zusammenhang zwischen den beiden Instituten deutlich, der daraus resultiert, dass der Ursprung des *peculium castrense* eine erbrechtliche Vergünstigung gewaltunterworfener Söhne war.

Von besonderer Bedeutung für die vermögensrechtliche Selbständigkeit gewaltunterworfener Soldaten waren die Maßnahmen Hadrians: Er dehnte nicht nur den Anwendungsbereich des *peculium castrense* auf gewaltunterworfene Veteranen aus, sondern gestattete den Soldaten außerdem, zum *peculium castrense* gehörige Sklaven freizulassen und ermöglichte ihnen damit, zum Patron der Freigelassenen zu werden.[205] Schließlich legte Hadrian in einem Reskript fest, dass auch Erbschaften nach der Ehefrau eines Soldaten zum *peculium castrense* gehören sollten.[206]

203 Fitting, Castrense peculium, 98–103.
204 D 29,1,1 pr; zitiert in S. 79.
205 D 49,17,13; D 49,17, 19,3.
206 D 49,17,19,3.

Erst die Juristen der Severerzeit, die das voll entwickelte *peculium castrense* behandelten, sahen es als (beinahe) völlig eigenständiges Vermögen des Haussohnes an, bezüglich dessen er die Position eines *pater familias* hatte.[207]

2. Gegenstand des *peculium castrense*[208]

a. Das durch den Militärdienst Erworbene

Jenes Vermögen, das der Soldat durch den Militärdienst erwarb (*bona castrensia*), bildete den von Anfang an bestehenden Kernbestand des *peculium castrense*. Macer etwa schreibt über den Gegenstand des *peculium castrense*:

> D 49,17,11 Macer libro secundo de re militari
>
> *Castrense peculium est ... quod ipse filius familias in militia adquisiit, quod nisi militaret, adquisiturus non fuisset. Nam quod erat et sine militia adquisiturus, id peculium eius castrense non est.*
>
> Das castrense peculium ist das, … was der Soldat selbst im Militärdienst erworben hat, was er, wenn er nicht gedient hätte, nicht erworben hätte. Das, was er nämlich auch ohne Militärdienst erworben hätte, das fällt nicht in sein peculium castrense.

Es zählten nur solche Gegenstände zum *peculium castrense*, für deren Erwerb der Militärdienst ursächlich war. Außerdem musste der Erwerb während des Militärdienstes stattgefunden haben. In erster Linie erfüllten die typischen Einkünfte von Soldaten diese Kriterien, also Sold, Donative, Belohnungen und Beutanteile, sowie spätestens seit der Erweiterung auf Veteranen durch Hadrian auch die Zahlungen bei der ehrenhaften Entlassung. Außerdem zählten Waffen und sonstige Ausrüstungsgegenstände zum *peculium castrense*.[209]

Neben diesen strikt militärischen Vermögensgegenständen gehörten auch Zuwendungen von Personen, die ein Soldat aufgrund des Militärdienstes kannte, zum *peculium castrense*. Auch solche Zuwendungen erfüllten nämlich das grundlegende Kriterium, da sie ohne den Militärdienst nicht geschehen wäre. Auf den Grund der Zuwendung (Erbschaft, Legat, Fideikomiss, Schenkung etc) kam es dabei nicht an, nur darauf, woher der Soldat die Person kannte. Dieses Kriterium erfüllten nicht nur Kameraden, sondern auch andere Personen, wenn sie der Soldat durch den Militärdienst kennen gelernt hatte.[210]

Eine besonders komplizierte Situation ergab sich aus Zuwendungen unter Kameraden, die sich bereits vor dem Eintritt in die Armee gekannt hatten. In dieser Situation ließen die Juristen die Zuwendungen dann ins *peculium castrense* fallen,

207 FITTING, Castrense peculium, 150–152.

208 Die Darstellung behandelt grundsätzlich das voll entwickelte Institut.

209 D 49,17,3.

210 D 49,17,5; C 12,36,1,52.

wenn die Umstände nahe legten, dass sie ohne Militärdienst nicht geschehen wären.[211] Das war beispielsweise nicht der Fall, wenn einer von zwei Brüdern, die beide Soldaten waren, dem anderen etwas schenkte, die beiden aber in unterschiedlichen Provinzen stationiert waren.[212] Hier lag der Grund der Schenkung, wie Lehmann richtig ausführt, eindeutig in der Blutsverwandtschaft und nicht im Militärdienst.[213]

b. Abschiedsgeschenke

Neben den im Kriegsdienst erworbenen Sachen zählten auch den Soldaten mitgegebene Abschiedsgeschenke zum *peculium castrense*. Severus Alexander führt diesbezüglich in einer Konstitution aus:

> C 12,36,1,1 Imp. Alexander A. Prisciano (a.223)
> *Peculio autem castrensi cedunt res mobiles, quae eunti in militiam a patre vel a matre aliisve propinquis vel amicis donatae sunt.*
> Zum peculium castrense gehören außerdem bewegliche Sachen, die dem in die Armee Eintretenden vom Vater, von der Mutter, anderen Verwandten oder Freunden geschenkt worden sind.

In diesem Bereich fielen nur bewegliche Sachen in das *peculium castrense*. Der Grund dafür war, dass der Soldat die Geschenke dazu in das Lager mitnehmen musste, was bei Immobilien eben nicht möglich war.[214] Die Quellen geben keine Hinweise darauf, dass die Abschiedsgeschenke speziell für den Militärdienst bestimmt sein mussten, wie Waffen oder andere Ausrüstungsgegenstände. Ein allgemeiner Bezug zum Militär war schon dadurch gegeben, dass der Soldat die Geschenke anlässlich seines Einrückens erhielt und zur Armee mitnahm.[215]

Das entscheidende Unterscheidungskriterium zwischen dem durch den Militärdienst erworbenen Vermögen und Abschiedsgeschenken war ein zeitliches. Die Abschiedsgeschenke erhielt ein Soldat noch vor seinem Eintritt in die Armee. Geschenke, die er danach aufgrund seines Militärdienstes erhielt, fielen jedenfalls in das *peculium castrense*, weil sie durch den Militärdienst erworben wurden.[216] Von Bedeutung war diese Unterscheidung freilich nur, solange die Abschiedsgeschenke noch nicht Teil des *peculium castrense* waren.

211 D 49,17,19 pr. Wie LEHMANN, Eigenvermögen, 190–192, richtig bemerkt, geht aus dieser Stelle hervor, dass das zur Zeit Scaevolas noch umstritten war. Die Ausführungen dazu von LAROSA, Peculi speciali, 40–41, sind wegen der ungerechtfertigten Annahme von Interpolationen wenig überzeugend.

212 D 49,17,16,1.

213 LEHMANN, Eigenvermögen, 192–193.

214 D 49,17,4 pr.

215 FITTING, Castrense peculium, 75–83; LEHMANN, Eigenvermögen, 195.

216 LEHMANN, Eigenvermögen, 194.

Während unbestritten ist, dass das im Militärdienst Erworbene der Ausgangspunkt des *peculium castrense* war[217], ist unklar, seit wann auch die Abschiedsgeschenke dazuzählten. Fitting und La Rosa gehen davon aus, dass das nicht vor der Regierungszeit des Septimius Severus geschehen ist. Das Hauptargument dabei ist, dass die erhaltenen vorseverischen Quellen die Abschiedsgeschenke nicht erwähnen.[218] Lehmann führt überzeugend aus, dass dieser Schluss nicht zwingend ist. Da die überwältigende Mehrheit der erhaltenen Quellen zum *peculium castrense* gerade aus severischer Zeit stammt, sollte eine Erweiterung durch Kaiserkonstitution als auch eine Rechtsfortbildung durch Juristen, gerade wenn sie in dieser Zeit stattfand, in den Quellen Spuren hinterlassen haben. Das ist aber nicht der Fall. Eine genaue Angabe, seit wann die Abschiedsgeschenke zum *peculium castrense* gehörten, kann auch Lehmann nicht machen. Er vermutet, dass sie noch im ersten Jahrhundert zu den im Militärdienst erworben Sachen hinzutraten.[219]

c. *Erbschaft nach der Ehefrau*

Neben Erwerbungen durch den Militärdienst nennt Papinian unter Hinweis auf Kaiser Hadrian in zwei Fragmenten einen weiteren Bestandteil des *peculium castrense*: eine Erbschaft nach der Ehefrau des Soldaten.[220]

> D 49,17,13 Papinianus libro sexto decimo quaestionum
>
> *Divus Hadrianus rescripsit in eo, quem militantem uxor heredem instituerat filium, extitisse heredem et ab eo servos hereditarios manumissos proprios eius libertos fieri.*
>
> Der vergöttlichte Hadrian reskribierte an einen Soldaten und Haussohn, dessen Frau ihn zum Erben eingesetzt hatte, er sei Erbe geworden und die von ihm freigelassenen Erbschaftssklaven würden seine eigenen Freigelassenen.
>
> D 49,17,16 pr Papinianus libro nono decimo responsorum
>
> *Dotem filio familias datam vel promissam in peculio castrensi non esse respondi. Nec ea res contraria videbitur ei, quod divi Hadriani filium familias militem uxori heredem extitisse placuit et hereditatem in castrense peculium habuisse.*
>
> Ich habe geantwortet, dass die einem Haussohn gegebene oder versprochene dos nicht zum peculium castrense gehört. Das dürfte kein Widerspruch dazu sein, dass es seit dem vergöttlichten Hadrian herrschende Lehre ist, ein

217 FITTING, Castrense peculium, 24–29; LEHMANN, Eigenvermögen, 187–188.

218 FITTING, Castrense peculium, 36–37;

219 LEHMANN, Eigenvermögen, 197–201.

220 D 49,17,13; D 49,17,16 pr; von ganz besonders großer Bedeutung sind diese Texte für das Eherecht von Soldaten, siehe dazu die wörtliche Wiedergabe S. .

Haussohn und Soldat könne seine Frau beerben, und die Erbschaft werde Teil seines peculium castrense.

Dieses Element passt nicht ganz zum System des *peculium castrense*, da (im Gegensatz zu den anderen beiden Elementen) der unmittelbare Bezug zum Militärdienst fehlt. Die beiden Fragmente geben keinen Hinweis auf den Grund für diese (durchaus systemwidrige) Erweiterung des Instituts. Die Begünstigung wurde allerdings restriktiv gehandhabt und nicht auf andere Zuwendungen (wie etwa die *dos*) von der Ehefrau ausgedehnt.[221]

Weil die beiden Fragmente nicht ganz in das dogmatische System des *peculium castrense* passen und Ehefrauen von Soldaten in einer Zeit erwähnen, in der diese einem Heiratsverbot (aber nicht unbedingt einem Eheverbot unterlagen), wurde ihre Echtheit immer wieder bezweifelt.[222] Eine Interpolation ist sehr unwahrscheinlich, da Papinian die Entscheidung ausdrücklich Hadrian zuschreibt.[223] Meines Erachtens könnte das zitierte Reskript aber eine Einzelentscheidung darstellen. Nach dem Wortlaut von D 49,1,13 scheint das durchaus möglich. In ihrem Charakter als Einzelfallentscheidung könnte sogar ein Grund dafür liegen, dass Papinian diese Entscheidung so restriktiv interpretiert.

d. Veränderungen im Bestand des peculium castrense

Das *peculium castrense* bestand ausschließlich aus drei Elementen: Erwerbungen durch den Militärdienst, Abschiedsgeschenke und Erbschaft nach der Ehefrau. Da das *peculium castrense* aber wie jedes *peculium* eine *universitas* darstellte, konnte sich der konkrete Bestand eines *peculium castrense* laufend ändern.[224]

So wurden etwa Früchte von castrensischen Sachen zu einem Teil des *peculium castrense*. Dasselbe galt für alles, was ein castrensischer Sklave erwarb. Außerdem veränderten jene Geschäfte, die der Haussohn selbst *ex causa peculii* abschloss, den Bestand des *peculium castrense*. Wenn der Haussohn etwa von seinem Sold ein Haus kaufte, wurde dieses Teil des *peculium castrense*.[225]

3. Das *peculium castrense* zu Lebzeiten des Sohnes

a. Die Stellung des pater familias *hinsichtlich des* peculium castrense

Die Juristen der Severerzeit bezeichneten den Haussohn in Bezug auf das *peculium castrense* als *pater familias*, da er darüber vollkommen frei verfügen konnte und

221 D 49,17,16 pr.

222 Z.B. LAROSA, Peculi speciali, 51–54, die ganz allgemein eher leichtfertig Interpolationen annimmt.

223 So auch LEHMANN, Eigenvermögen, 204–205.

224 D 15,1,40 pr.

225 LEHMANN, Eigenvermögen, 206.

dabei nicht an den Willen seines Vaters gebunden war.[226] Er konnte castrensische Sachen veräußern[227] und unter Lebenden und von Todes wegen verschenken.[228] Darlehen konnte ein Haussohn mit *peculium castrense* allerdings nur bis zur Höhe desselben aufnehmen, das jedoch unabhängig davon, ob das Darlehen eine castrensische oder nicht-castrensische Verbindlichkeit war[229] – vermutlich weil es Schwierigkeiten für den Geschäftsverkehr bedeutet hätte, die Zuordnung immer feststellen zu müssen, und ein Haftungsfonds durch das *peculium castrense* jedenfalls gegeben war.[230] Das *SC Macedonianum*, das grundsätzlich Gelddarlehen an Haussöhne verbat, wurde auf solche Darlehen nicht angewandt.[231]

Das *peculium castrense* war also vollkommen vom Vermögen des Vaters getrennt. Der *pater familias* konnte es seinem Sohn nicht entziehen.[232] Die Klagen aus dem *peculium castrense* standen nur dem Haussohn zu[233], wie auch alle Klagen, die sich auf das *peculium castrense* bezogen, nur gegen den Haussohn angestrengt werden konnten. Selbst eine *actio de peculio* war gegen den Vater nicht möglich.[234] Mit dem *peculium castrense* haftete der Haussohn auch für seine nicht-castrensischen Schulden.[235]

Sklaven, die Teil des *peculium castrense* waren, gehörten nicht zur *familia* des Vaters und konnten auch nicht Noterben des Vaters werden.[236] Alles, was solche Sklaven erwarben, fiel in das *peculium castrense* des Haussohnes, und zwar unabhängig davon, ob sonst ein sachlicher Zusammenhang zwischen der Erwerbung des Sklaven und dem *peculium castrense* bestand.[237]

Vor diesem Hintergrund gelangte Papinian dazu, das *peculium castrense* als Eigentum des Haussohnes zu bezeichnen.[238]

Diese umfassende Sichtweise des *peculium castrense* bestand – wie bereits ausgeführt – nicht von Anfang an. Erst die Entwicklung dieses Instituts machte sie

226 D 14,6,2.
227 C 12,36,2.
228 D 39,5,7,6.
229 D 14,6,2.
230 So zutreffend LEHMANN, Eigenvermögen, 213.
231 D 14,6,1,3. Zum *SC Macedonianum* siehe nur KASER, Privatrecht I, 532.
232 D 49,17,12.
233 D 49,17,4,1.
234 D 49,17,18,4–5.
235 Das geht eindeutig aus D 49,27,7; D 50,1,17 hervor. So auch: FITTING, Castrense peculium, 159-164; LEHMANN, Eigenvermögen, 211–215. LAROSA, Peculi speciali, 105–107, hält hingegen beide Fragmente für interpoliert und verneint eine Haftung des *peculium castrense* für nicht-castrensische Schulden, was Lehmann in seinen Ausführungen detailliert widerlegt.
236 D 40,1,17; D 49,17,9.
237 D 49,17,15,3.
238 D 49,17,15,4. Ähnlich äußert sich Papinians Zeitgenosse und Kollege im *consilium* Tryphonin über Dotalgegenstände, D 23,3,75(77).

möglich. Ein ganz entscheidender Schritt in diese Richtung waren die Erweiterungen durch Hadrian. Dieser Kaiser hatte insbesondere festgelegt, dass ein Haussohn castrensische Sklaven freilassen konnte.[239] Diese Möglichkeit warf die Folgefrage auf, wer Patron des freigelassenen Sklaven wurde. Einblick in die Entwicklung dieser Frage gibt Marcian:

> D 38,2,22 Marcianus libro primo institutionum
>
> *Si libertus familias miles manumittat, secundum Iuliani quidem sententiam, quam libro vicesimo septimo digestorum probat, patris libertum faciet: sed quamdiu, inquit vivit, praefertur filius in bona eius patri. Sed divus Hadrianus Flavio Apro resripsit suum libertum eum facere, non patris.*
>
> Wenn ein Haussohn und Soldat (einen Sklaven) freilässt, wird er ihn zwar nach der Meinung Julians, die er im siebenundzwanzigsten Buch seiner Digesten ausführt, zum Freigelassenen seines Vaters machen, doch solange er lebt, wird er bezüglich dessen (des Freigelassenen) Nachlass dem Vater vorgezogen.

Julian vertrat hier eine eher konservative Ansicht, die das Eigentum des Vaters am *peculium castrense* betont. Seiner Ansicht nach wurde gemäß *ius civile* der Vater Patron des Freigelassenen, wenn ihm auch sein Sohn bezüglich allfälliger Vermögensvorteile vorging. Diese Konstruktion erinnert meines Erachtens an die ursprüngliche Auffassung vom *peculium castrense* als Eigentum des Vaters, über das der Sohn privilegiert verfügen konnte. Hadrian zog in einem Reskript aber die Konsequenz daraus, dass der Haussohn selbst freilassen konnte, und machte ihn auch zum Patron des Freigelassenen. Das wiederum erinnert daran, dass Papinian aus den umfassenden Kompetenzen des Haussohnes bezüglich des *peculium castrense* die Konsequenz zog, ihn als dessen Eigentümer zu bezeichnen. In severischer Zeit war es schließlich ganz unbestritten, dass der Sohn Patron eines castrensischen Freigelassenen wurde.[240] In ihren praktischen Auswirkungen unterschieden sich Julians und Hadrians Sichtweisen kaum, doch letztere war ein wichtiger Schritt dazu, dass man den Haussohn als *pater familias* bezüglich des *peculium castrense* und sogar als dessen Eigentümer bezeichnete. Es ist typisch für die Entwicklung dieses Instituts, dass man dem Haussohn zunächst Rechte wien einem Eigentümer beziehungsweise Patron einräumte und ihn erst später als solchen bezeichnete.

b. Das Verhältnis zwischen Haussohn und Hausvater hinsichtlich des peculium castrense

Im römischen Familienrecht konnten zwischen einem *pater familias* und seinem gewaltunterworfenen Sohn grundsätzlich keine Verbindlichkeiten entstehen, da

239 D 49,17,19,3.
240 D 23,2,45,3.

dies der Idee der *patria potestas* zuwidergelaufen wäre.[241] Ein Sohn wurde aber hinsichtlich des pecu*lium castrense* selbst als *pater familias* angesehen. (Dieses Institut war damit insgesamt eine Ausnahme von der *patria potestas*): Damit galt der genannte Grundsatz in Bezug auf das *peculium castrense* nicht. Eine Stipulation des Sohnes gegenüber seinem Hausvater war nur dann gültig, wenn sie sich auf das *peculium castrense* bezog, da der Sohn ausschließlich in diesem Bereich selbst als *pater familias* galt. Genau dasselbe Abgrenzungskriterium galt auch für die Gültigkeit einer Stipulation des Vaters gegenüber dem Sohn. Diese Abgrenzung war nicht nötig, wenn der Haussohn durch einen castrensischen Sklaven etwas von seinem Vater erwarb. Solche Erwerbungen waren in jedem Fall gültig, da bereits durch den Sklaven ein Bezug zum *peculium castrense* bestand.[242]

Auch deliktische Verbindlichkeiten konnten zwischen dem *pater familias* und seinem Haussohn mit *peculium castrense* entstehen. Wenn der Vater eine castrensische Sache des Sohnes stahl, haftete er mit der *actio furti*. Ebenso haftete der Sohn, wenn ein castrensischer Sklave den Vater bestahl. Wenn der Sohn hingegen selbst seinen Vater bestahl, bestand kein Bezug zum *peculium castrense*, weshalb der Sohn nicht mit der *actio furti* haftete. Ein Vater konnte seinen Haussohn, der ihn bestohlen hatte, nicht klagen, aber im Rahmen der väterlichen Gewalt gegen ihn vorgehen. Ulpian gestand dem *pater familias* aber aus Billigkeitsgründen eine *actio utilis* zu, da dem Sohn im *peculium castrense* ein Haftungsfonds zur Verfügung stand, der der *patria potestas* entzogen war.[243] Da Ulpian in diesem Text eher vorsichtig formulierte, vermutet Lehmann, dass seine Ansicht nicht unumstritten war.[244]

4. Das *peculium castrense* bei einer Änderung des *status familiae*

a. *Tod des Vaters*

Mit dem Tod des *pater familias* fiel das *peculium castrense* nicht (wie ein gewöhnliches *peculium*) in den Nachlass des Vaters. Der Sohn konnte es als *praecipuum* behalten, wodurch ihm das *peculium castrense* als eigenes Vermögen unabhängig vom sonstigen Erbgang verblieb.[245] Die privilegierte Stellung des Haussohnes mit *peculium castrense* bestand somit auch beim Tod des Vaters. Durch den Tod seines Gewalthabers wurde der Haussohn gewaltfrei und damit voll vermögensfähig. Dadurch hörte das *peculium castrense* als Sondervermögen zu bestehen auf und

241 Gai. 4,78; D 44,7,7; vgl nur KASER, Privatrecht I, 143 Fn. 20.
242 D 49,17,15,1–3.
243 D 47,2,52,4–6.
244 LEHMANN, Eigenvermögen, 224–225.
245 D 37,6,1,15.

bildete fortan einen nicht weiter abgegrenzten Teil des allgemeinen Vermögens des Soldaten.

b. Emanzipation

Wie durch den Tod des Vaters wurde ein Haussohn auch durch Emanzipation gewaltfrei und voll vermögensfähig. Auch hier konnte er das *peculium castrense* behalten, das durch die Emanzipation seinen Charakter als Sondervermögen verlor.[246]

c. Adoption und Arrogation

Wenn der Haussohn durch Adoption der Gewalt eines neuen *pater familias* unterstellt wurde, änderte das am Bestand des *peculium castrense* nichts.[247]

Anders war die Situation bei der Arrogation. Da hier ein Gewaltfreier an Kindes statt angenommen wurde[248], konnte er vor der Annahme überhaupt kein *peculium castrense* haben. Durch die Arrogation wurde er Haussohn und damit vermögensunfähig. Sein Vermögen fiel grundsätzlich an den neuen Gewalthaber: Davon wurde das ausgenommen, was er durch den Militärdienst erworben hatte (inklusive Abschiedsgeschenken und einer allfälligen Erbschaft von seiner Ehefrau) und verblieb ihm als *peculium castrense*.[249]

5. Das *peculium castrense* nach dem Tod des Sohnes

a. Nach der Errichtung eines Testaments

Die den Haussöhnen von Augustus eingeräumte Möglichkeit, über das *peculium castrense* zu testieren, bildete den Ausgangspunkt für die Entwicklung dieses Instituts, und blieb stets ein zentraler Bestandteil desselben.

Das Testament musste den allgemeinen Anforderungen eines gültigen Testaments genügen, doch solange der Haussohn noch aktiver Soldat war, galten die weitaus freieren Formvorschriften des Soldatentestaments. Auch die allgemeine Regel, dass man bei Zweifel oder Irrtum über die Testierfähigkeit kein gültiges Testament errichten konnte, galt in Bezug auf das *peculium castrense* nicht uneingeschränkt.[250] Ein Irrtum über Gewaltunterworfenheit oder Gewaltfreiheit führte üblicherweise zur Ungültigkeit des Testaments, doch ein über das *peculium cast-*

246 D 49,17,12.
247 D 49,17,12.
248 Gai. 1,99–107, vgl nur KASER, Privatrecht I, 66.
249 D 49,17,4,2.
250 D 32,1 pr

rense errichtetes Testament blieb trotzdem gültig, da es nicht von der Gewaltfreiheit abhängig war.[251]

b. Ohne Errichtung eines Testaments

Augustus hatte gewaltunterworfenen Soldaten nur das Privileg verliehen, über das *peculium castrense* zu testieren, nicht aber, es schlechthin zu vererben. Daher gab es nach ihnen keine Intestaterbfolge bezüglich des *peculium castrense*. Wenn der Soldat vom Privileg des Testierens keinen Gebrauch machte, kamen die Regeln des gewöhnlichen *peculium* zur Anwendung und das *peculium castrense* fiel an den Gewalthaber zurück. Dasselbe galt auch, wenn der testamentarisch eingesetzte Erbe die Erbschaft ausschlug.[252]

Auch wenn das *peculium castrense* nach dem Tod des Sohnes an den *pater familias* zurück fiel, wurden in bestimmten Fällen erbrechtliche Regelungen angewandt. Das galt etwa, wenn der Vater vom Haussohn zum Erben eingesetzt worden war, die Erbschaft aber ausgeschlagen hatte. In dieser Situation fiel das *peculium castrense* an den Vater zurück. Wenn der Sohn in seinem Testament die Auszahlung von Legaten und Fideikomissen angeordnet hatte, hätte der Vater die Möglichkeit gehabt, deren Auszahlung zu vermeiden, indem er das Erbe ausschlägt, worauf dann das ungeschmälerte *peculium castrense* an ihn zurück gefallen wäre. Um das zu vermeiden, gewährten die römischen Juristen den Legataren auch dann die *actio legatorum*, wenn der Vater das Erbe ausgeschlagen und das *peculium castrense* des Sohnes dann durch Zurückfallen erhalten hatte. Allerdings haftete der *pater familias* den Legataren in diesem Fall nur bis zur Höhe des *peculium castrense*.[253]

Außerdem konnte ein Haussohn, auch wenn er ohne Testament starb, seinem *pater familias* Fideikomisse auferlegen.[254]

c. Verwirkung des peculium castrense

In zwei Fällen verwirkte ein Haussohn das Privileg des *peculium castrense*. Zum einen verlor der Soldat alle mit dem Heeresdienst verbundenen Privilegien, wenn er unehrenhaft entlassen wurde.[255] Das *peculium castrense* verlor seinen eigentumsartigen Sondercharakter und wurde möglicherweise zu einem gewöhnlichen *peculium*.[256]

251 D 29,1,11,2; D 49,17,19,2. Dazu LEHMANN, Eigenvermögen, 232–233.
252 D 49,17,19,3.
253 D 49,17,17,1.
254 D 30,114 pr.
255 D 29,1,26; D 27,1,8,1.
256 FITTING, Castrense peculium, 261–262; LEHMANN, Eigenvermögen, 264, ziehen hier einen Parallelschluss aus C 9,49,3.

Zum anderen brachte die Verurteilung wegen eines Verbrechens, das die Vermögenskonfiskation nach sich zog, den Verlust des *peculium castrense* mit sich. Ein Reskript des Severus Alexander legt dies etwa für die Bestrafung mit Deportation fest. Das *peculium castrense* fiel in diesem Fall an den Vater zurück.[257]

257 C 9,49,3.

VII. Kollegien[258]

Der einzige Digestentext, der sich mit Soldatenkollegien befasst, ist ein Fragment Marcians, dessen Interpretation einige Schwierigkeiten bereitet:

D 47,22,1 Marcianus libro tertio institutionum

Mandatis principalibus praecipitur praesidibus provinciarum, ne patiantur esse collegia sodalicia neve milites collegia in castris habeant. Sed permittitur tenuioribus stipem menstruam conferre, dum tamen semel in mense coeant, ne sub praetextu huiusmodi collegium illicitum coeat. Quod non tantum in urbe, sed et in Italia et in provinciis locum habere divus Severus rescripsit. (1) Sed religionis causa coire non prohibentur, dum tamen per hoc non fiat contra senatus consultum, quo illicita collegia arcentur.

Durch kaiserliche Mandate wurde den Provinzstatthaltern vorgeschrieben, keine Vereine und Genossenschaften zu dulden und dass Soldaten auch keine Vereine in den Lagern bilden sollen. Aber es wird gestattet, die Ärmeren mit einer monatlichen Zahlung zu unterstützen, doch sollen sie sich nur einmal pro Monat versammeln, damit sie nicht unter dem Vorwand irgendeinen unerlaubten Verein bilden. Das gilt nicht nur in der Stadt (Rom), sondern auch in Italien und den Provinzen, wie der vergöttlichte Severus reskribiert hat. (1) Aber sich aus religiösen Gründen zu versammeln ist ihnen nicht verboten, wenn dadurch nichts gegen das senatus consultum geschieht, durch das die verbotenen Vereine untersagt sind.

Diese Stelle wird einhellig so verstanden, dass Soldaten die Gründung von Vereinen verboten war. Diesem Ergebnis widersprechen aber die zahlreichen inschriftlichen Belege für Soldatenvereine, wie es sie insbesondere für die in Lambaesis stationierte *legio III Augusta* gibt.[259] Die Mehrzahl der Belege für Soldatenvereine stammt aus dem späten zweiten und frühen dritten Jahrhundert.[260]

Es gibt verschiedene Ansätze diesen Widerspruch zu beseitigen: Schnorr von Carolsfeld vermutet schlichtweg, dass das Verbot nicht konsequent eingehalten wurde.[261] Kornemann und Müller und andere gehen davon aus, dass das Verbot nur für *gregarii* und nicht für *principales* galt, da sich praktisch die gesamte Überliefe-

258 Zu den Militärvereinen siehe Kornemann, Collegium, 400–401; Schnorr von Carolsfeld, Juristische Person, 391–394; Renz, Legal Position, 102–107; Ausbüttel, Vereine im Westen des Reiches, 78–84; Ausbüttel, Militärvereine, 500–505.

259 CIL VIII,2551–2554; VIII,2557; VIII,2733; VIII,2751.

260 Ausbüttel, Militärvereine, 503–504.

261 Schnorr von Carolsfeld, Juristischen Person, 391.

rung auf Vereine von *principales* bezieht.[262] Ausbüttel hieltt dem mit Recht entgegen, dass Marcian von *miles* spricht, was üblicherweise auch *principales* miteinschließt.[263] Seiner Meinung nach ist Marcians Formulierung *in castris* insofern eng zu verstehen, als nur die Vereinstätigkeit im Lager selbst untersagt war. Vollkommen plausibel ist auch diese Lösung nicht, da römische Juristen die Formulierung *in castris* oder Ähnliches als Synonym für den gesamten Militärdienst benutzten.[264]

Wie groß die Divergenz zwischen D 47,22,1 und den erhaltenen Inschriften tatsächlich ist, kann meines Erachtens wegen der Unklarheit der Digestenstelle schwer beurteilt werden. Die erwähnten kaiserlichen *mandata* werden nicht genauer spezifiziert, und aus dem Text geht nicht hervor, ob Septimius Severus diese Bestimmungen in seinem Reskript bestätigte oder eingeschränkte. Die in D 47,22,1 beschriebenen Vorschriften sind daher nur schwer einer bestimmten Epoche zuzuordnen. Jedenfalls enthalten sie kein uneingeschränktes Verbot von Vereinen. Zumindest zwei Formen von Vereinen werden ausdrücklich als zulässig bezeichnet: Solche, die ärmere Mitglieder mit monatlichen Zahlungen unterstützen, und religiöse Kollegien. Da die genannten Kriterien recht unbestimmt sind, ist es nicht unmöglich, dass die inschriftlich überlieferten Soldatenvereine erlaubte Kollegien waren.

Auch wenn offen bleiben muss, welchen Einschränkungen Soldatenvereine im Detail unterlagen, ist leicht vorstellbar, was der Grund dafür war. Die Kaiser wollten vermutlich die politische Tätigkeit der Soldaten einschränken, ihnen kein Forum für konspirative Treffen geben.[265]

Die überwältigende Mehrheit der inschriftlich bezeugten Soldatenvereine sind Kollegien von *principales*. Aus Lambaesis sind Kollegien folgender Gruppen überliefert: *beneficarii, cornucularii, tesserarii, pecuarii, optiones, valetudinarii, dientesces, capsariorum, optiones, speculatores, quastionarii, cornicines*.[266] Ob man daraus sicher schließen kann, dass es keine Kollegien einfacher Soldaten gab, bleibt zweifelhaft, da eine der Inschriften Lambaesis auf die Existenz eines Rekrutenvereines hinweist.[267] Im Größenschluss wäre zu vermuten, dass auch einfache Soldaten Vereine bilden konnten, wenn es sogar solche von Rekruten gab.

Neben ihrer sozialen und kommunikativen Funktion dienten die Soldatenvereine der materiellen Unterstützung ihrer Mitlieder, aus deren Beiträgen (*scanararia*) sie sich finanzierten. Die Soldaten erhielten aus der Vereinskasse eine Unterstüt-

262 KORNEMANN, Collegium, 400; MÜLLER, Veteranenvereine, 283.
263 AUSBÜTTEL, Militärvereine, 501–502.
264 So insbesondere im Zusammenhang mit dem *peculium castrense*; siehe dazu S. 46.
265 Das ist zumindest die Begründung, mit der Trajan in seiner Korrespondenz mit Plinius die Gründung einer Feuerwehr verbietet; vgl Plin. epist. 10,34.
266 RENZ, Legal Position, 105 Fn. 120.
267 CIL VIII,2557.

zungszahlung (*annularium*), wenn sie befördert, versetzt oder entlassen wurden. Im Falle seiner Degradierung erhielt ein Soldat ein halbes *annularium*. Wenn ein Vereinsmitglied während der Dienstzeit starb, erhielten seine Erben das *annularium*.[268]

Anders als bei zivilen römischen Vereinen. die oft Begräbniskassen waren, trat diese Funktion bei den Soldatenkollegien zurück, da die von den *signiferi* verwaltete Armeekasse die Begräbniskosten trug.[269]

268 Renz, Legal Position, 105.
269 Renz, Legal Position, 106.

VIII. Eherecht[270]

1. Quellenlage

Die Frage, inwieweit Soldaten im Prinzipat während ihrer Dienstzeit heiraten durften beziehungsweise verheiratet sein durften, gehört zu den schwierigsten im römischen Militärrecht überhaupt. Die besondere Problematik besteht darin, dass die Quellen einander teilweise zu widersprechen scheinen.

a. Ägyptische Papyri

Der Papyrus Cattaoui (recto) enthält eine Sammlung von eherechtlichen Entscheidungen, die in Ägypten stationierte Soldaten betreffen. Da der Beginn des Papyrus nicht erhalten ist, fehlt von der ersten Entscheidung so viel, dass sie außer Betracht bleiben muss. Weitere sechs Fälle sind ziemlich vollständig erhalten. Es handelt sich dabei nicht um vollständige Prozessprotokolle, sondern um Kurzfassungen der Sachverhalte und Entscheidungen. Die Fälle stammen alle aus der ersten Hälfte des zweiten nachchristlichen Jahrhunderts und wurden teils durch die *praefecti Aegypti* selbst, teils durch von ihnen delegierte Richter entschieden.[271]

Fall 2, P.Cattaoui 1,5–14

(ἔτους) 20 Θεοῦ Τραιανοῦ Τῦβι δεκάτῃ. Λου[κ]ίας Μακρίνας διὰ Φανείου ·ῥ[ήτ]ορος εἰπούσης ἀπαιτεῖν παρακαταθήκην ἐξ ὑπαρχόντων Ἀντωνίου Γερμανοῦ στρατιώτου τετελευτηκότος Λοῦπος εἶπεν· νοοῦμεν ὅτι αἱ παρακαταθῆκαι προῖκές εἰσιν. ἐκ τῶν τοιούτων αἰτιῶν κριτὴν οὐ δίδωμι. οὐ γὰρ ἔξεστιν στρατιώτην γαμεῖν. εἰ δὲ προῖκα ἀπαιτεῖς, κριτὴν διδοὺς δίδωμ[ι]

270 Zum römischen Eherecht im Allgemeinen siehe TREGGIARI, Roman Marriage; EISENRING, Römische Ehe. Die wichtigsten Arbeiten zum Eherecht der Soldaten sind: JUNG, Eherecht und PHANG, Marriage. Siehe dazu außerdem CAMPBELL, Marriage; MIRKOVIC, Soldatenehe, BEHRENDS, Rechtsregelungen; FRIEDL, Konkubinat, 229–269.

271 GRENFELL/HUNT/MEYER, Papyrus Cattaoui, haben festgestellt, dass P. Cattaoui und BGU 114 wechselseitig zu ergänzen sind und die Papyri daher gemeinsam ediert. APF 3 (1906), 55–67 = FIRA III,19.
Zur Interpretation der Papyri: CAMPBELL, Marriage, 153–155; GRENFELL/HUNT/MEYER, Papyrus Cattaoui, 55–105; JUNG, Eherecht, 310–319; MEYER, Eherecht, 44–74; MITTEIS/WILCKEN, Papyruskunde II.2, 281–286; PHANG, Marriage, 23–38.

δόξω πεπεῖσθαι νόμιμον εἶναι τὸν γάμον.
ἐξ ἀναπομπῆς Μαμερτείνου·

Lucia Macrina vertreten durch ihren Anwalt Fannius verlangte ihr depositum aus dem Nachlass des verstorbenen Soldaten Antonius Gernanus. Lupus sagte: ‚Wir betrachten die deposita als dotes. Aus diesen Gründen kann ich keine Klage geben. Denn ein Soldat kann nicht heiraten. Wenn Sie die dos verlangt hätten und ich einen Richter bestimmt hätte, erschiene ich dazu überredet, dass die Ehe legal ist.‘

Der Soldat Antonius Gernanus war gestorben. Seine „Frau" Lucia Macrina verlangte aus seinem Nachlass das einbehaltene Geld zurück. Der Präfekt Lupus stellte fest, dass es sich dabei nicht um ein depositum, sondern um eine versteckte *dos* handelt. Diese *dos* konnte Lucia Macrina nicht verlangen, da Soldaten nicht heiraten konnten. Die abschließenden Ausführungen des Lupus bleiben immer noch unklar, da sprachlich mehrere Auslegungen des griechischen Textes möglich sind. Entweder erklärt der Präfekt, warum Lucia Macrina ausnahmsweise doch die *dos* zurückfordern kann (in einer Art Billigkeitsentscheidung) oder er führt in einer komplexen „Was-wäre-wenn" Figur aus, warum die *dos* nicht erstattet werden kann. (Die vorstehende Übersetzung stellt eine Interpretation des Textes in diesem Sinn dar.) Da er kurz vorher ausdrücklich erklärt, dass Soldaten nicht heiraten können, scheint die zweite Möglichkeit wahrscheinlicher. Sie passt auch besser in das System der anderen in P.Cattaoui überlieferten Entscheidungen.[272]

Fall 3, P.Cattaoui 1,14–3,10

(ἔτους) 18 Ἁδριανοῦ τοῦ κυρίου [Φ]αμενὼθ 1, 1 ἐν Κόπτῳ, Χθινβόις πρὸς Κάσι[ο]ν Γεμέλλον [ἱ]ππέα Βουκοντίων ἐπ[ὶ] παρ[όν]τι τῷ [π]α[τ]ρὶ [αὐ]τῆς Ὀρεστοοῦφι. Ἀπολιναρίου ῥήτορος εἰπόντος ὀφειλομένων ὑπὸ Γεμ[έ]λλ[ο]υ Τινβόιδ[ι] δραχμὰς ἑπτακοσίας 700 κατὰ διαγ[ρ]αφὴν μετειέ[ν]αι τοῦτον ἀκολούθως τῇ διαγρα[φ]ῇ, Ἀλεξάνδρου καὶ Ἡρακλείδου ῥ[ητ]όρω[ν ἀ]ποκριναμένων Χθινβόιν ὡς γεγ[α]μημέν[ην] αὐτῷ ἀπαιτεῖν αὐτὸν βούλεσθαι προοῖ[κ]α [ἣ]ν ἀπ[ο]δέδωκεν αὐτῷ μήτε δ[ύ]να[τ]αι λαβεῖ[ν] ἀπηγορευομένου στρατι[ώταις ἑλέσθαι] γυναῖκας, τὸν δε πατέρα α[ὐτῆς ἐπιτρο]πεύσαντα αὐτοῦ λογοθετηθέ[ντα πρὸς αὐ]τὸν προεῖσθαι αὐτῷ γράμματα ε[........]ηρηκέναι ἐν τούτῳ λογο. [...]η [........]περὶ

272 PHANG, Marriage, 30.

προικὸς πιστευθεῖσα τω [........]πο τοῦ
μετάλλου οἴκημα ἐκτεπροθ[........]να αὐ-
τοῦ καὶ ἄλλα πλεῖστα κα[ὶ πε]ρὶ τ[ῆς ὑ]φαιρέ-
σεως τὴν ἐνκαλουμένην [...] ειλ[ηφ]έναι τὴν
τοῦ λόγου τάξιν, δεῖσθαι οὗ [ν] ἃ ὑφείλατο
ἐπαναγκασθῆναι ἀ[ν]τα[π]οδοῦναι,
τοῦ συνηγοροῦντος [.]ε.[ν] τι προενεγ-
καμένου μηδέν μέν αὐ[τ]ὴν ὑφηρῆσθαι
τοῦ Γεμέλλου, δε[δ]ανεικέν[α]ι δέ αὐ[τ]ῷ
κατὰ δύ[ο δ]ιαγραφὰς [τ]ὰς ἑπτ[α]κοσίας δρ[α]-
χμάς, κατὰ μέν πρώτη[ν] 260 κατ[ὰ] δ[έ]
δευτέραν 440, καὶ οὐχ ὡ[ς ἄνδρα] ἀλλ᾽ ὡς
ὑπόχρεον ταύτας ἀπαι[τεῖν, ἀνα]γνωσ-
θεισῶν τῶν διαγραφῶ[ν ὁ ἱερεὺς] καὶ
ἀρχιδικαστής. στρα[τι]ώ[ταις μέν ἀπηγό]-
ρευται γυναῖκας ἔλ[έσ] [θαι ...]
δέ αὐτοὺς οὐδέ εις.[...]
μὴ περιεχούσης τῆς [δευτέρας διαγρα]-
φῆς εἰς προικὸς προοικος [λόγον ἀναφέρεσ]-
θαι τὰς 440, α[...]
ταύτας αὐτῇ ἀποδ[οῦναι] ..α δε κατὰ τὴν δευ-
τέραν διαγραφὴν [....]το..ι τῶν 260 κρα-
τεῖσθαι οὐ δύναται, προικὸς [π]ροοικὸς δίκαια τού-
των ἐχουσῶν. [Γ]εμέλλου ἀξιοῦντος
τηρηθῆναι αὐτῷ [λόγο]ν τῆς ὑφαιρέσεως πρὸς
τὴν Χθινβόιν. λ[...], Οὔλπιος Ἀσκληπιά-
δης γενόμενος ἔπαρχος σπείρης δευτέρας
Ἱ[σπ]α[ν]ῶν ὁ ἱερεὺς κα[ὶ] ἀρχιδικαστής· ἐάν
τ[ι]να[ς] ἐναργεῖς ἀποδ[εί]ξεις ἔχῃς,
ἐὰν ἐπενέ[γ]κῃς, ἀκούσομαί[ο]σου.

Berichtet von Mamertinus. Im 17. Regierungsjahr unseres Herrn Hadrian, am 1. Phamenoth, in Koptos. Chtinbois gegen Cassius Gemellus, einen Reiter bei den Vocontiern, in der Anwesenheit ihres Vaters Orestouphi. Apollinaris, ihr Vertreter, sagte, dass Gemellus, da er Chtinbois 700 Drachmen laut einer Schuldverschreibung schulde, diese entsprechend zurückzahlen müsse. Aber Alexander und Herakleides, die Vertreter des Beklagten, beschuldigten Chtinbois, sie wolle eine dos von ihm zurückverlangen, die sie ihm gegeben hat, als hätten sie ihn geheiratet. Sie sagten, dass sei nicht möglich, weil es Soldaten nicht möglich sei, Frauen zu nehmen.

(Der Rest ist unvollständig)

Der Soldat Cassius Gemellus hatte sich also von seiner „Frau" Chtinbois getrennt. Diese verlangte von ihm ein Darlehen in der Höhe von 700 Drachmen zurück; Gemellus erwiderte darauf, dass es sich bei dieser Summe um eine versteckte *dos* handle, die seine Frau nicht zurückverlangen könne, da er als Soldat nicht heiraten dürfe. Im weiteren Verlauf wurde dann festgestellt, dass es sich eigentlich um zwei Forderungen zu 260 beziehungsweise 440 Drachmen handelte. Der delegierte Richter Ulpius Asclepiades entschied, dass es sich bei der Forderung über 440 Drachmen tatsächlich um die Rückzahlung eines Darlehens handelte, während es sich bei den 260 Drachmen um eine versteckte *dos* handelte. Daher konnte Chtinbois 440 Drachmen von Gemellus zurückverlangen, die 260 Drachmen der *dos* aber nicht, da Gemellus als Soldat nicht heiraten konnte.

Fall 4, P.Cattaoui 3,11–22

(ἔτους) [1]8 Τραιανοῦ Φαῶφι ἑβδόμῃ καὶ εἰκάδι. Λονγίνου
Υ..[..]ου εἰπόντος Ῥωμα[ῖ]ον ἑαυτὸν ὄντα ἐστρα-
[τεῦσθαι ἐν] σπείρῃ πρώτῃ Θηβαίων ὑπὸ Σε-
ουή[ρον], συνῳκηκέναι δὲ ἐν τῇ στρατείᾳ
γυν[αι]κὶ Ῥωμα[ί]ᾳ ἐξ ἧς πεπαιδοποιῆσθαι
Λον[γε]ῖν[ο]ν Ἀπολινάριον καὶ Λονγείνιον Πομ-
πώ[νι]ον οὕσπερ ἀξιοῖ ἐπικριθῆναι,
Λοῦπ[ος] λαλήσας μετὰ τῶν νομικῶν εἶπεν·
.[....].ή[....]νται οἱ παῖδες ὡς ἐκ Ῥωμαίας
[γεγενημέ]νοι, σὺ αὐτοὺς καὶ θ[έ]λει[ς] ἐξ ἐπι-
[.........] μους καταλείπειν, νόμιμον
δὲ πατέρα αὐτῶν ποιεῖν οὐ δυνομα[ι].

Im 18. Regierungsjahr des Trajan, am 27 Phaophi. Longinus Hy...gab an, dass er selbst ein römischer Bürger sei und in der cohors I thebaeorum unter Severus gedient habe, und, dass er in seiner Dienstzeit einer Frau mit römischem Bürgerrecht beigewohnt habe, die ihm zwei Söhne, Longinus Apollinaris und Longinus Pomponius, geboren habe, die er anzuerkennen beantragt. Lupus sagte nach Beratung mit den Juristen:, Die Buben ... da sie von einer römischen Frau geboren wurden. Sie möchten auch, dass sie als legitim anerkannt werden, aber ich kann Sie nicht zu ihrem gesetzlichen Vater machen.'

Longinus, ein römischer Bürger und Veteran der ersten *cohors Thebaeorum*, hatte während seiner Dienstzeit mit einer römischen Bürgerin zwei Kinder gezeugt. Der *praefectus Aegypti* Marcus Rutilius Rufus führte in diesem Zusammenhang aus, dass er Longinus nicht zum gesetzlichen Vater seiner Kinder machen kann, die beiden Söhne also illegitim und damit rechtlich vaterlos sind (und bleiben). Der Grund dafür war ganz offensichtlich die Tatsache, dass Longinus die beiden Söhne während seiner Dienstzeit gezeugt hatte.

Fall 5, P.Cattaoui 4,1–15

(ἔτους) 18 Τραιανοῦ Παῦνι 10. Χρώτιδος διὰ Φιλοξένου εήτορος εἰπούσης ἀστὴν ἑαυτὴν οὖσαν συνεληλυθέναι Ἰσιδώρῳ ἀστῷ, μετ[ὰ τ]αῦτα δὲ στρατευσαμένου ἐκείνου ις χώρτην ἐσχηκέναι ἐξ αὐτοῦ υἱὸν Θεόδωρον περὶ οὗ ἐντυγχάνει ἀξιοῦσα αξιουσαν ε[ντ]ὶ ἠμελήθη ἀπαρχὴν αὐ[τ]οῦ ἀποτεθῆναι, ὅτι δέ υἱός ἐστιν ἐκείν[ο]υ εγ διαθήκης ἣν ἔγραψε φανερὸν ε[ἶ]ναι, κληρονόμον γὰρ αὐτὸν τῶν ἰδίων ἀπολελοιπέναι, ἀναγνωσθείσης διαθήκης Ἰουλίου Μαρτιαλίου στρατιώτου σπείρης πρώτης Θηβαίων, Λοῦπος λαλήσας μετὰ τῶν φίλων εἶπεν· οὐκ ἐδύνατο Μαρτιά[λιος] στρατευόμενος νόμιμον υἱὸν ἔχειν, κληρονόμον δέ αὐτὸν ἔγραψεν νομί[μως].

Chrotis gab durch Philoxenus, ihren Vertreter, an, dass sie, selbst eine Bürgerin von Alexandria, Isidorus, einen Bürger von Alexandria, geheiratet hatte und ihnen später ein Sohn Theodorus geboren worden sei, während Isidorus in seiner Kohorte diente. Diesbezüglich verlangte sie nun, dass seine Erbschaftssteuer zurückgezahlt werde, wenn es unterlassen worden sein sollte; dass es im von Isidorus geschriebenen Testament klar sei, dass es sein Sohn sei, da er ihn zum Erben seines Vermögens eingesetzt habe. Nach der Verlesung des Testaments des Julius Martialis, Soldat der cohors I Thebaeorum und nach Rücksprache mit seinen Beratern antwortete Lupus: ‚Martialis konnte in seiner Dienstzeit keinen legitimen Sohn bekommen, aber er hat ihn rechtmäßigerweise zum Erben eingesetzt.‘

In diesem Fall geht es um die Kinder von Isidorus und Chrotis, beide ursprünglich Bürger von Alexandria, die offenbar bereits vor dem Militärdienst geheiratet hatten. Isidorus war als Auxiliarsoldat in die *cohors I Thebaeorum* eingetreten, und während seiner Dienstzeit wurde sein Sohn Theodorus geboren. Während seiner Dienstzeit oder bei seiner Entlassung hatte Isidorus das römische Bürgerrecht erhalten und den Namen Julius Martialis angenommen. In seinem Testament hatte er seinen Sohn zum Erben eingesetzt. Chrotis beantragte die Befreiung ihres Sohnes von der Erbschaftssteuer (*vicesima hereditatium*), von der er als ehelicher Sohn befreit gewesen wäre.[273] Der Präfekt Rufus lehnte die Befreiung von der Steuer ab, da Theodorus als in der Dienstzeit gezeugter Sohn eines Soldaten kein legitimes

273 WESENER, Visecima hereditatum, 2472.

Kind war; das Testament freilich behielt seine Gültigkeit, der illegitime Sohn war Erbe seines Vaters.

Fall 6, P.Cattaoui 4,16–5,26

(ἔτους) 5 Ἀντωνείνου τοῦ κυρίου ἐπαγομένων 3. προσελθόντων Ὀκταουίου Οὐάλεντος καὶ Κασίας Σεκούνδης πρὸ μιᾶς 1 ὑπερτεθέντω[ν], Εὐδα[ί]μων βουλευσάμενος σὺν τοῖς παρο[ῦ]σι εἶπεν· καὶ ἐχθὲς εὐθὺς τῶν ὑπομνη[μ]άτων τοῦ κρατίστου Ἡλιοδώρου ἀναγνω[σθ]έντων καὶ τῆς αἰτίας δι᾽ ἣν ὑπερέθετ[ο] δή[λ]ης γενομένης ἰδεῖν περὶ ἀπηγορευ[μέν]ων πράγματος ἐντυχοῦσαν τὴν μητέραν τὴν τοῦ [παι]δὸς τούτου, καὶ σήμερον ἐντυχὼν τοῖς εἰς ις τοῦτο δ[ι]αφέρουσιν πράγμασιν βεβαιῶ ὃ ἐχθὲς ὑπελάμ[βα]νον. ἐξερχομένου εἴτε ἐν τάξει εἴτε ἐν σπείρᾳ εἴτε [ἐ]ν εἴλῃ ὁ γεννηθεὶς οὐ δύναται εἶναι νόμιμος υἱός. [μη] μὴ ὢν δὲ νόμιμος υἱὸς τοῦ πατρὸς ὄντος Ἀλεξανδρέως Ἀλεξανδρεὺς οὐ δύναται εἶναι. ὁ παῖς [ο]ὗτος γεγέννη[θε]ται τῷ Οὐάλεντι στρατευομένου ἐ[ν] σπείρᾳ· ὀθνεῖος αὐτοῦ ἐστιν· εἰσαχθῆναι ις πολειτείαν τὴν Ἀλεξανδρέων οὐ δύναται. καὶ προσέθηκεν· ἐχθὲς ἔφης ἄλλους ἐσχηκέναι παῖδας· ποίας ἡ[λ]ικίας εἰσίν, πότε ἐγεννήθησαν; Ὀκταούιος Οὐάλης ἀ[πε]κρεινατο. ὁ εἷς νῦν, ὁ εἷς δὲ προγενέστερός ἐσ[τιν.] Εὐδαίμων εἶπεν· ὁ προγενέστερος ποῦ σοι σ[τρα]τ[ε]υομ[έ]νῳ ἐγένετο; Οὐάλης ἀπεκρείνατο ἐ[ν] χώρτῃ καὶ οὗτος ὁ μεικρότερος. Εὐδαίμων εἶπεν· ἴσθι καὶ ἐκείνους τῆς αὐτῆς τάξεως τούτῳ ὄντας. Ἔνια ἀπαράβατά ἐστιν. Οὐάλη[ς] εἶπεν· ἄρτι, ἐὰν γένηταί με ἀποδημεῖν, σὺ αὐτός μ[οι] ὑπογράψεις δι᾽ ἐπιτρόπου ἀπολαβεῖν με τὰ δίκ[αι]α. τί ἠδίκησαν οἱ παῖδες; Εὐδαίμων ε[ἶ]πεν· [εὔ]ηθες π[ε]ποίηκα διὰ πολλῶν εἰπὼν ὃ ἐδυνάμη[ν] ..τευσαι ἐν ἐλαχίστῳ. επιδη τοίνυν ἐπιχειρεῖς τοῖς ἀδυνάτοις, οὔτε οὗτος οὔτε οἱ ἄλλοι υἱοί σου Ἀ[λε]ξανδρέων πολεῖταί εἰ[σι]ν.

Im fünften Regierungsjahr unseres Herrn Antoninus, am dritten Zusatztag. Als Octavius Valens und Cassia Secunda, deren Fall einen Tag vertagt worden war, zu Gericht kamen, sagte Eudaimon nach Rücksprache mit seinen

Rechtsberatern: ‚Gestern als die Gutachten des großen Heliodorus vorgelesen wurden, wurde ein Grund zur Vertagung klar, um den Fall in Gegenwart der Mutter des Kindes zu behandeln, und heute, nach Erwägung der relevanten Umstände, bestätige ich, was ich gestern entschieden habe. Ob der Mann in eine Legion, eine Kohorte oder ein Ala eingetreten ist, er kann keinen legitimen Sohn haben. Da er weiters kein legitimer Sohn seines Vaters ist, der alexandrinischer Bürger ist, kann er kein alexandrinischer Bürger sein. Daher ist dieser Bub, der geboren wurde, als Valens in einer Kohorte diente, ein Außenstehender. Er kann nicht in den Stadtstaat der Alexandriner zugelassen werden.‘ Und er fügte hinzu: ‚Gestern haben Sie gesagt, dass Sie andere Söhne haben. Wie alt sind sie, wann wurden sie geboren?‘ Valens antwortete: ‚In [meiner Dienstzeit in] der Kohorte, und der jüngere auch.‘ Eudaimon sagte: ‚Sie wissen, dass sie in dieselbe Kategorie fallen wie dieser. Es gibt Sachen, die nicht geändert werden können.‘ Valens sagte: ‚Nun, wenn ich es schaffte weg zu gehen, könnten sie selbst meine Petition unterzeichnen, so dass ich meine Rechte mit einem Rechtsvertreter durchsetzen kann. Welches Unrecht haben die Kinder begangen?‘ Eudaimon sagte. ‚Ich war großzügig, in vielen Worten zu erklären, was ich in wenigen hätte sagen können. Sie verlangen unmögliche Dinge. Weder dieser Sohn noch ihre andern Söhne sind alexandrinische Bürger.‘

Der Auxiliarsoldat Octavius Valens war Bürger von Alexandria. Während seiner Dienstzeit hatte seine „Frau" Cassia drei Söhne von Valens bekommen. Die beiden wollten nunmehr das alexandrinische Bürgerrecht eines ihrer Sohnes feststellen lassen. (Warum die Petition nicht alle drei Söhne erfasste, bleibt unklar.) Das verweigerte der Präfekt Eudaimon, indem er ausführte, dass Soldaten aller in Ägypten stationierten Landtruppen keine legitimen Kinder haben konnten. Die Söhne von Octavius waren alle illegitim und konnten damit nicht Bürger von Alexandria sein. In diesem Fall wird deutlich, dass die tatsächliche Rechtslage und das Rechtsempfinden der einfachen Soldaten massiv auseinander gingen. Valens wollte sich nicht damit abfinden, dass seine Kinder illegitim waren und stellte die verzweifelte Frage, was sie denn verbrochen hätten. Die Entscheidung des Präfekten konnte er aber nicht ändern.

Fall 7, P.Cattaoui 6,1-27

ἰδίου λόγου Ἰουλιανοῦ. ἔτους 20 Ἁδριανοῦ τοῦ κυρί[ου] Ἁθὺρ 25. Σαραπίωνος Ἀπολλωνίου καὶ Ἀμοισοισᾶ Ἡλιοδώρου [κα]τηγορούντων Κορνηλίας δι᾽ Ἀπολλωνίου [π]ρεσβυτέρου ῥήτορος ὡς ἐπικρατούσης ἀνδραπόδων 7 καταγραφένων αὐτῇ ὑπὸ [Ἰουλίου] Ἀκουτιανοῦ ἀκληρονομήτου ἐν τῷ τῆς συνβιώσεως χρόνῳ, καὶ Θέωνος ῥήτορος παριστα[..]μένου [τ]ῇ Κορνηλίᾳ φάσκοντος γάμον νόμιμον μὴ [γ]εγονέναι, στρατευομέ[ν]ῳ γὰρ συμβεβληκέναι τῷ Ἀκουτιανῷ καὶ τὰ ἀνδράποδα ταύτην ἐωνῆσθαι, ἀναγεινώσκοντός τε ὠνὴν Μούσης σὺν ὑποτιτθικῷ ἐπὶ τοῦ δωδεκάτου ἔτους καὶ Δάφνης ἐπὶ τοῦ 19, οἰκογενείας δέ Θρεπτοῦ καὶ Συντρόφου, φ[ά]σκοντος δε Ὡρείωνος ῥήτορος παρισταμένου αὐτῇ Σ[εου]ῆρον ὑποτίτθιον ἔ[τι εἶ]ναι ἐκ Μούσης γενόμενον, Ἐλπιδηφόρου δέ οἰκογένειαν δέ μ[ὴ] ἔχειν, τοῦτο δὲ ἐπὶ πολλῶν φιλεῖν γενέσθαι, μ[ὴ] γὰρ παῖ[δας ἐξ ο]ἰκογενείας τάσσεσθαι,

Ἰουλιανός·

τὸ μετὰ τὴν σ[τ]ρατεί[αν ὠνη]θὲν ἀνδράποδον καὶ οὗ μὴ ἐπήνε[γ]κας οἰκογένειαν .[.....]ται [ε]ἰς τὸν κυριακὸν λόγον τὰ ἄλλα σοι ἀνίημι. ἀξιούσης αὐτῆς ἀποδοθῆναι τάλαντον ὃ ἔσχεν παρ᾽ αὐτῆς Ἀκουτιανὸς ἐν παρακαταθήκῃ καὶ ἀναγινωσκούσης τὰ γράμματα, τοῦ δ κατηγόρου λέγοντος τοῦτο εἶναι τὸ γαμικὸν συμβόλαιον, τοὺ<ς> γὰρ στρατευομένους οὕτω συμβάλλει[ν], Ἰουλιανός· τὸ ἀναγνωσθὲν δάνειον ἐκβάλλω ἐκ παρανόμου γάμου γενόμενον.

[Bericht] des Idios Logos Iulianus, im 20. Regierungsjahr des Hadrian, am 25. Hathor. Sarapion, Sohn des Apollonius, und Amoisosas, Sohn des Heliodorus, zeigten Cornelia durch den Anwalt Apollonius den Älteren an, sie habe Besitz von sieben Sklaven ergriffen, die ihr während ihres Zusammenlebens mit Julius Acutanius übertragen worden waren, der ohne Testament starb. Theon, der Verteidiger Cornelias, sagte, dass die Ehe nicht rechtmäßig war, weil sie sich verbanden, als Acutanius Soldat war, und dass sie die Sklaven gekauft hat. Er gab den Kauf von Mousa mit ihrem Säugling im zwölften Regierungsjahr und den von Daphne im 19. an, aber Threptus und Syntrophus seien im Haus geboren. Horeion, der Verteidiger Cornelias sagte, dass Severus, der Säugling von Mousa, bereits geboren war, aber dass Elpidephorus nicht zu Hause geboren sein könne, obwohl das üblicherweise der Fall sei, aber die Kinder für im Haus geboren gehalten würden. Iulianus sagte: ‚Sie können die nach seiner militärischen Dienstzeit gekauften Sklaven nicht als im Haus geboren verlangen ... die gehen an die kaiserlichen Kasse; die anderen lasse ich zu Dir gehen.‘ Cornelia beantragte, dass ihr ein Talent übergeben werde, das Acutanius als depositum für sie aufbewahrt habe, und sie erkannte die Papiere an, aber der Delator sagte, dass das ein Heiratsvertrag sei, weil Soldaten in dieser Weise Ehen begründen. Aber Julianus sagte: ‚Ich weigere mich, eine Schuld, entstanden aus einer gesetzwidrigen Ehe, anzuerkennen.‘

Dieser Fall beschäftigte sich mit der Erbschaft des Veteranen Acutanius. Da er ohne Erben gestorben war, fiel sein Nachlass an den Staat.[274] Die Delatoren Serapion und Amoisosas verlangten als Vertreter des Fiskus von Cornelia, der „Frau" des Acutanius, sieben Sklaven heraus, die sie von Acutanius geschenkt bekommen hatte. Da Schenkungen unter Ehegatten unzulässig waren[275], war die entscheidende Frage, ob Acutanius und Cornelia verheiratet waren. In der Dienstzeit des Acutanius war das nicht möglich. Nach seiner Entlassung war er mit Cornelia verheiratet. Daher entschied der Richter, dass Cornelia jene Sklaven behalten durfte, die sie vor Acutanius' Entlassung geschenkt bekommen hatte. Jene, die er ihr später schenkungsweise hatte überlassen wollen, musste sie aber dem Fiskus überlassen, da es sich dabei um unzulässige Schenkungen unter Ehegatten handelte, die zu keinem Eigentumsübergang an Cornelia geführt hatten. Außerdem verlangte Cornelia die Herausgabe eines Talents, das sie Acutanius gegeben hatte. Der Richter stellte fest, dass es sich dabei um eine versteckte *dos* handelte, die Cornelia nicht herausfordern konnte, da Acutanius als Soldat nicht heiraten durfte.

Die sechs vollständig in P.Cattaoui überlieferten Fälle sind in manchen Details unklar, doch die Aussagen zum Eherecht der Soldaten sind eindeutig:

(1) Römische Soldaten konnten während ihrer Dienstzeit keine rechtmäßige Ehe eingehen, und daher konnten ihre „Frauen" nach dem Ende einer derartigen Verbindung (versteckte) *dotes* nicht zurückverlangen (Fälle 2,3,7). Die Rückerlangung solcher „*dotes*" scheiterte gerade am Heiratsverbot. Da keine Ehe gegeben war scheiterte die „Frau" mit der *actio rei uxoriae*.[276] Auch Rückforderung durch Kondiktionen war nicht möglich.[277] Eine *condictio indebiti* kommt nicht in Betracht, da die „Frau" vom Heiratsverbot und damit von der Nichtschuld wissen musste.[278] Aus demselben Grund scheitert eine *condictio ob turpem causam*, da auch die „Frau" verbotswidrig handelte, wenn sie einen Soldaten heiratete.[279] Die mangelnde Schutzwürdigkeit der „Frau" war meines Erachtens auch der Grund, aus dem keine *condictio ob rem* gewährt wurde.

(2) Die Kinder, die Soldaten in ihrer Dienstzeit bekamen, waren keine legitimen Nachfahren (Fälle 4,5,6). Das bestätigt auch das im Papyrus BGU 140 erhaltene Reskript Hadrians zum Erbrecht von Soldatenkindern. Hier schreibt Hadrian ausdrücklich, dass Soldaten keine legitimen Kinder haben konnten.[280]

274 KASER, Privatrecht I, 702.
275 D 24,1; KASER, Privatrecht I, 331–332.
276 Zur *actio rei uxoriae* siehe KASER, Privatrecht I, 337–341.
277 Zu den Leistungskondiktionen im Allgemeinen siehe KASER, Privatrecht I, 592–600.
278 Vgl D 46,2,12.
279 Vgl D 12,5,3.
280 Dieser Papyrus ist insbesondere für das Erbrecht von Soldatenkindern von Bedeutung; siehe dazu S. 83.

b. Nichtjuristische Literatur[281]

Die Notizen nichtjuristischer Schriftsteller zum Eherecht römischer Soldaten entsprechen durchaus dem durch die Auswertung der Papyri gewonnenen Ergebnis. Nur eine einzige Stelle beschäftigt sich mit der Zeit des Augustus:

> Suet, Aug 1,24
>
> *Disciplinam severissime rexit. Ne legatorum quidem cuiquam, nisi gravate hibernisque demum mensibus, permisit uxorem intervisere.*
>
> Die Disziplin führte er äußerst streng. Nicht einmal den Legaten gestattete er, zwischendurch ihre Frauen zu besuchen, nur ungern gestattete er es in den Wintermonaten.

Da sich diese Passage nur auf Legaten bezieht, hat sie keine direkte Aussagekraft für die eherechtliche Position der einfachen Soldaten. Aufgrund der Formulierung ist aber anzunehmen, dass Augustus einfache Soldaten noch strenger behandelte als die Legaten.

Für die Zeit des Kaisers Claudius schreibt Cassius Dio:

> Cass. Dio. 60,24,3
>
> *τοῖς τε στρατευομένοις, ἐπειδὴ γυναῖκας οὐκ ἐδύναντο ἔκ γε τῶν νόμων ἔχειν, τὰ τῶν γεγαμηκότων δικαιώματα ἔδωκε*
>
> (Er) gab den Soldaten die Rechte verheirateter Männer, da sie nach den Gesetzen nicht heiraten konnten.

Diese Stelle belegt, dass Soldaten im frühen Prinzipat nicht heiraten durften. Trotzdem verlieh Claudius ihnen die Rechtsstellung verheirateter Männer. Das kann sich nur auf die augusteischen Ehegesetze beziehen. Diese Gesetze legten fest, dass männliche Römer im Alter von 25 bis 60 verheiratet sein sollten. Nichtverheiratete (*caelibes*) und Kinderlose (*orbi*) wurden auf verschiedene Weisen benachteiligt, insbesondere im Erbrecht.[282] Zwischen dem Ehegebot der augusteischen Ehegesetze und dem (wohl ebenfalls auf Augustus zurückgehenden) Heiratsverbot für Soldaten bestand ein Widerspruch, den Claudius dadurch beseitigte, dass er den Soldaten die Privilegien verheirateter Männer zuerkannte, obwohl sie nicht heiraten konnten. Im Zusammenhang mit den Ehegesetzen gab es auch in anderen Bereichen Ähnliches: So konnte etwa die privilegierte Rechtstellung von Personen mit drei Kindern (*ius trium liberorum*) auszeichnungsweise an kinderlose Personen verliehen werden.[283] Auch wenn Cassius Dio davon spricht, dass Claudius den Soldaten die Rechtsstellung verheirateter Männer verliehen hat, wäre es denkbar, dass es sich dabei um die Verleihung des Dreikinderrechts handelte. Im-

281 Zur nichtjuristischen Literatur siehe JUNG, Eherecht, 334–338; PHANG, Marriage, 16–21.

282 Siehe hierzu nur KASER, Privatrecht I, 318–325.

283 Cass. Dio. 55,2,6.

merhin ist dessen von tatsächlicher Elternschaft losgelöste Verleihung auch in anderen Bereichen belegt. Außerdem hätte die bloße Verleihung der Rechtsstellung verheirateter Männer die Soldaten nur zu *orbi* gemacht. Damit wären sie gegenüber Verheirateten mit Kindern noch immer benachteiligt gewesen. Nur die Verleihung des Kinderrechtes hätte den Soldaten den vollen Ausgleich dafür gebracht, dass sie weder heiraten noch eheliche Kinder haben konnten.

Über eine Veränderung der eherechtlichen Position von Soldaten in der Zeit des Septimius Severus berichtet Herodian:

> Herodian 3,8,5:
>
> *τοῖς τε στρατιώταις ἐπέδωκε χρήματα πλεῖστα, ἄλλα τε πολλὰ συνεχώρησεν ἃ μὴ πρότερον ε χον· καὶ γὰρ τὸ σιτηρέσιον πρῶτος ηὔξησεν αὐτοῖς, καὶ δακτυλίοις χρυσοῖς χρήσασθαι ἐπέτρεψε γυναιξί τε συνοικεῖν, ἅπερ ἅπαντα σωφροσύνης στρατιωτικῆς καὶ τοῦ πρὸς τὸν πόλεμον ἑτοίμου τε καὶ εὐσταλοῦς ἀλλότρια ἐνομίζετο.*
>
> Den Soldaten gab er eine sehr große Summe Geldes und viele andere Vergünstigungen, die sie davor nicht hatten. Er war nämlich der erste, der ihren Sold erhöhte[284] und er gab ihnen auch die Erlaubnis, goldene Ringe zu tragen und (mit) ihren Frauen zusammen zu wohnen/beizuwohnen.[285]

Diese Bemerkung Herodians, Septimius Severus habe den Soldaten gestattet, bei ihren Frauen zu leben, wird von der neueren Forschung beinahe einhellig dahingehend verstanden, dass dieser Kaiser den Soldaten erlaubte zu heiraten.[286] Diese Interpretation wird dadurch bestätigt, dass es aus nachseverischer Zeit keine Zeugnisse mehr für ein Heiratsverbot gibt, dafür aber zahlreiche Belege für verheiratete Soldaten.

c. *Juristische Literatur*

Die juristischen Quellen zum Eherecht der Soldaten scheinen dem aus papyrologischen und literarischen Quellen gewonnenen Befund zu widersprechen. Während jene belegen, dass es den Soldaten nicht erlaubt war zu heiraten, gibt es zahlreiche Digestenstellen, die Ehefrauen von Soldaten erwähnen. Die Mehrheit dieser Stellen stammt jedoch aus der Zeit nach Septimius Severus, der die eherechtlichen Beschränkungen der Soldaten offenbar aufhob. Trotzdem bleibt eine kleine Gruppe vorseverischer Zeugnisse, die sich auf die Ehen von Soldaten beziehen.

284 Hier irrt Herodian, denn bereits Domitian hatte eine Solderhöhung vorgenommen (Siehe S. 36).

285 Herodians etwas unklare Formulierung lässt mehrere Übersetzungen zu. Jede Übersetzungsvariante bedeutet gleichzeitig eine Interpretation dieser Stelle. Vgl MIRKOVIC, Soldatenehe, 264 Fn. 18; PHANG, Marriage, 18–19.

286 CAMPBELL, Marriage, 160; JUNG, Eherecht, 337–338, PHANG, Marriage, 17–19; zurückhaltender nur MIRKOVIC, Soldatenehe, 264.

Mit den Auswirkungen des Heereseintritts auf eine bestehende Ehe beschäftigt sich in der klassischen Zeit Gaius, in einem Satz, der als Katene zwischen zwei Stellen des Spätklassikers Hermogenian überliefert ist:

> D 24,1,60–62
> Hermogenianus libro secundo epitomarum
> ... *Divortii causa donationes inter virum et uxorem concessae sunt: saepe enim evenit, uti propter sacerdotium vel etiam sterilitatem*
> Gaius libro undecimo ad edictum provincale
> *vel senectutem aut valetudinem aut militiam satis commode retineri matrimonium non possunt:*
> *Hermogenianus libro secundo epitomarum*
> *et ideo bona gratia matrimonium dissolvitur.*
> ... Schenkungen aufgrund einer Scheidung sind zwischen Ehemann und Ehefrau zulässig. Es geschieht nämlich oft, dass sie die Ehe wegen Priestertums oder auch wegen Unfruchtbarkeit
> oder hohen Alters oder der Gesundheit oder des Militärdienstes praktischerweise nicht aufrechterhalten können.
> Und so wird die Ehe durch Einverständnis geschieden.

Die Interpretation dieser Stelle ist nicht unumstritten. Einige Autoren gehen davon aus, dass der Heereseintritt eine bestehende Ehe eo ipso auflöste[287], andere meinen, dass Gaius den Beginn des Militärdienstes nur als möglichen, aber nicht zwingenden Scheidungsgrund nennt.[288] Die Formulierung des Gaius ist nicht ganz eindeutig, und die geringe Länge des zwischen zwei andere Fragmente gezwängten Abschnitts trägt zur Unklarheit bei. Der vorsichtige Wortlaut und der Kontext machen aber die zweite Variante weitaus wahrscheinlicher, auch wenn die Ehescheidung im klassischen römischen Recht nicht an bestimmte Gründe gebunden war. Gaius listet lediglich besonders typische Scheidungsgründe aus der Praxis auf, denn auch hohes Alter oder ein schlechter Gesundheitszustand wie auch Unfruchtbarkeitführten nicht dazu, dass eine Ehe eo ipso aufgelöst wurde. Auch die Fortsetzung Hermogenians, dass die Ehe in den genannten Fällen durch Übereinstimmung der Ehepartner aufgelöst wird, spricht gegen ein eo ipso Auflösung der Ehe. Ein weiterer Grund, den Heereseintritt nur als fakultativen Scheidungsgrund zu verstehen, ist die Erwähnung von Soldatenfrauen in den beiden folgenden vorseverischen Texten. Wäre eine Ehe durch den Heereseintritt in die Armee eo ipso aufgelöst worden, bliebe es vollkommen unerklärlich, dass in diesen Fragmenten von den Ehefrauen von Soldaten die Rede ist.

287 Etwa WILCKEN, Papyruskunde II 1, 282; PHANG, Marriage, 94–95.

288 KASER, Privatrecht I, 332 Fn. 32; BEHRENDS, Rechtsregelungen, 162–164; JUNG, Eherecht, 304.

In zwei Fragmenten erwähnt Papinian ein Reskript Hadrians, das sich mit Ehefrauen von Soldaten beschäftigt:

D 49,17,13 Papinianus libro sexto decimo quaestionum

Divus Hadrianus rescripsit in eo, quem militantem uxor heredem instituerat filium, extitisse heredem et ab eo servos hereditarios manumissos proprios eius libertos fieri.

Der vergöttlichte Hadrian reskribierte an einen Soldaten und Haussohn, dessen Frau ihn zum Erben eingesetzt hatte, er sei Erbe geworden und die von ihm freigelassenen Erbschaftssklaven würden seine eigenen Freigelassenen.

D 49,17,16 pr, Papinianus libro nono decimo responsorum

Dotem filio familias datam vel promissam in peculio castrensi non esse respondi. Nec ea res contraria videbitur ei, quod divi Hadriani filium familias militem uxori heredem extitisse placuit et hereditatem in castrense peculium habuisse.

Ich habe geantwortet, dass die einem Haussohn gegebene oder versprochene dos nicht zum peculium castrense gehört. Das dürfte kein Widerspruch dazu sein, dass es seit dem vergöttlichten Hadrian herrschende Lehre ist, ein Haussohn und Soldat könne seine Frau beerben, und die Erbschaft werde Teil seines peculium castrense.

Soweit sich dieses, in den beiden Papinian-Fragmenten zitierte, Reskript auf das *peculium castrense* bezieht, wurde es bereits in Kap. V. behandelt. Für das Eherecht der Soldaten ist es insofern von größter Bedeutung, als es eindeutig belegt, dass Soldaten schon vor Septimius Severus in ihrer Dienstzeit verheiratet sein konnten.

Zwei weitere vorseverische Stellen belegen Soldaten, die eheliche Kinder hatten.[289] Die Aussagekraft der beiden Stellen für die eherechtliche Position von Soldaten während ihrer Dienstzeit ist aber gering, da es sich um Kinder handeln könnte, die bereits vor dem Militärdienst geboren worden waren. Da aus den ägyptischen Papyri eindeutig hervorgeht, dass während der Dienstzeit geborene Kinder von Soldaten nicht legitim sein konnten, bleibt dies bei einer harmonisierenden Interpretation sogar die einzige Möglichkeit.[290]

d. Sonstige Quellen

Die Tatsache, dass zahlreiche Inschriften auch aus vorseverischer Zeit *uxores* von Soldaten erwähnen, hat für die Beurteilung der Rechtslage nur wenig Aussagekraft. Auch aus den in P.Cattaoui überlieferten Fällen geht hervor, dass das Empfinden

289 D 29,1,8; D 29,1,28. Der erste Text stammt vom Hochklassiker Marcellus, im zweiten referiert Ulpian ein Reskript von Marc Aurel und Lucius Verus.

290 So auch JUNG, Eherecht, 306–309.

der Soldaten nicht unbedingt mit der tatsächlichen Rechtslage übereinstimmen musste. Für einen Soldaten konnte eine langjährige Partnerin durchaus seine „Frau" sein, obwohl ihnen ein *iustum matrimonium* während seiner Dienstzeit verwehrt blieb.[291]

Ebenso sagen die Militärdiplome wenig über die eherechtliche Position römischer Soldaten während ihrer Dienstzeit aus, da sich die darin verliehenen Vergünstigungen im Regelfall auf die Zeit nach der Entlassung bezogen. Eine Ausnahme stellen nur die Diplome an weiterdienende Auxiliarsoldaten aus dem ersten Jahrhundert dar. Diesen Soldaten wurde das *conubium* verliehen, als sie noch aktiv waren, wenn sie auch schon die vorgeschriebene Dienstzeit abgeleistet hatten. In den Militärdiplomen ist das *conubium* das Recht, ein *iustum matrimonium* mit einer peregrinen Frau einzugehen.[292] Die Verleihung des *conubium* bedeutete zwar nicht die konkrete Erlaubnis zu heiraten, doch es ist fraglich, ob die Verleihung des *conubium* ohne die Möglichkeit, gleichzeitig zu heiraten, denkbar ist. Möglicherweise wurde das *conubium* erst nach der Entlassung und dem damit verbundenen Ende des Heiratsverbotes wirksam. Es ist aber auch möglich, dass jene Auxiliarsoldaten, die nach Ableistung ihrer vollen Dienstzeit, aber noch vor ihrer Entlassung Diplome erhielten, im Gegensatz zu allen anderen Soldaten heiraten durften, da sie sich in einer ganz besonderen Situation befanden.[293] Theoretisch sollte es gar keine Soldaten geben, die nach der Ableistung der vorgeschriebenen Dienstzeit nicht entlassen wurden, doch in der Praxis hatten die Soldaten eben keinen einklagbaren Anspruch auf ihre Entlassung. Möglicherweise war es ein bewusster Ausgleich für diese Ungerechtigkeit, dass man solchen Soldaten gestattete zu heiraten.

2. Das Heiratsverbot

a. Heirats- oder Eheverbot

Die juristischen Quellen zum Eherecht der Soldaten enthalten keine eindeutigen Hinweise auf ein Eheverbot. Bei den Quellen, die aus der Zeit nach Septimius Severus stammen (und damit nach der mutmaßlichen Aufhebung des Heiratsverbotes), ist das nicht weiter erstaunlich, doch auch in den vorseverischen Zeugnissen findet sich kein Eheverbot; das von Papinian erwähnte Reskript Hadrians erwähnt sogar ausdrücklich die Ehefrauen von Soldaten. Diesem Befund stehen die ägypti-

291 SANDER, Recht des Soldaten, 153–154.

292 Damit unterscheidet sich der Begriff des *conubium* im militärrechtlichen Bereich etwas von der gängigen Auffassung, die davon ausgeht, dass beide Ehepartner das *conubium* besitzen mussten. Durch die Militärdiplome wurde das *conubium* aber ausdrücklich an den Soldaten und nicht an seine peregrine Frau verliehen. Siehe dazu S. 97).

293 LINK, Veteranen, 10 Fn. 26; PHANG, Marriage, 75–80.

schen Papyri entgegen, aus denen hervorgeht, dass Soldaten weder heiraten durften noch legitime Kinder haben konnten. Ägypten hatte in der Verwaltungsstruktur des römischen Reiches zweifelsohne eine besondere Position, mit besonderen Regelungen, die in den anderen Reichsteilen nicht zur Anwendung kamen; das galt nicht zuletzt für die Armee.[294] Es läge also nahe, die in den Papyri überlieferten eherechtlichen Einschränkungen für eine ägyptische Besonderheit zu halten. Die Papyri selbst geben keine Auskunft darüber, ob die Beschränkungen nur in Ägypten oder im ganzen Reich galten. Gegen die Annahme einer ägyptischen Besonderheit sprechen aber die literarischen Zeugnisse. Die Notizen Cassius Dios (60,24,3) und Herodians (3,8,5)[295] belegen eherechtliche Beschränkungen und beziehen sich offensichtlich auf römische Soldaten ganz generell.

Die von den Papyri und der nichtjuristischer Literatur nahe gelegte Annahme eines Eheverbots lässt sich wiederum nur schwer mit der juristischen Überlieferung vereinbaren, wobei insbesondere das hadrianische Reskript mit seiner Erwähnung einer Ehefrau ein Problem darstellt.[296] Grundsätzlich wäre hier die Annahme einer Interpolation durchaus plausibel. Ein allfälliges Eheverbot war längst nicht mehr geltendes Recht, als die justinianischen Sammlungen zusammengestellt wurden, und diesbezügliche Bestimmungen wären damit typische Gegenstände einer Interpolation gewesen. Ganz massiv gegen eine Interpolation spricht aber der besondere Charakter der beiden Papinian-Stellen (D 49,17,13 und D 49,17,16 pr).[297] Der Jurist zitiert nämlich ein ganz spezielles Reskript Hadrians, und es ist nicht erklärbar, warum Papinian die Erweiterung des *peculium castrense* um die Erbschaft nach der Ehefrau diesem Kaiser hätte zuschreiben sollen, wenn sie gar nicht von ihm stammte.

Die papyrologischen und literarischen Quellen lassen sich nur dann mit den juristischen Texten vereinbaren, wenn man statt eines allgemeinen Eheverbotes für Soldaten ein bloßes Heiratsverbot annimmt. Das bedeutet, dass Soldaten während ihrer Dienstzeit zwar nicht heiraten durften, vor dem Heereseintritt eingegangene Ehen aber durch den Beginn des Militärdienstes nicht eo ipso aufgelöst wurden.[298] Campbell meint mit Recht, dass es sich dabei um eine inkonsequente Regelung handelte, da sie manchen Soldaten erlaubte verheiratet zu sein und anderen nicht.[299]

294 Zur Sonderstellung der ägyptischen Truppen siehe LESQUIER, L'armée romaine; ALSTON, Soldier and Society.

295 Zitiert oben S. 68 und 69.

296 PHANG, Marriage, 97–99, die ein Eheverbot annimmt, muss in ihrer ansonsten sehr durchdachten Arbeit sehr komplexe und wenig überzeugende Hypothesen bemühen, um dieses Reskript erklären zu können.

297 Zitiert oben S. 71.

298 So auch: BEHRENDS, Rechtsregelungen, 162–164; JUNG, Eherecht, 334–337.

299 CAMPBELL, Marriage, 155–156.

Trotzdem bleibt die Hypothese eines bloßen Heiratsverbotes diejenige, die sich am besten mit den vorhandenen Quellen vereinbaren lässt.

b. Regelungsort

Die Quellen geben kaum Auskünfte darüber, wo und in welcher Form das Heiratsverbot geregelt war. Wegen des thematischen Zusammenhanges nehmen einige Autoren eine Regelung im Rahmen der augusteischen Ehegesetze an.[300]

Es gibt allerdings einige Überlegungen, die diese Annahme sehr unwahrscheinlich erscheinen lassen. Zwischen der Forderung der Ehegesetze, dass alle Römer eines bestimmten Alters verheiratet sein sollten, und dem Heiratsverbot für Soldaten bestand ein gewisser Widerspruch. Aus Cassius Dio (60,24,3) ergibt sich, dass dieser Widerspruch erst von Claudius beseitigt wurde, indem er den Soldaten die Rechtsposition verheirateter Männer verlieh. Es ist schlecht vorstellbar, dass in einem Gesetz so widersprüchliche Pflichten wie die allgemeine Eheverpflichtung und das Heiratsverbot für Soldaten festgelegt wurden. Es ist eher denkbar, dass sich dieser Widerspruch aus nicht aufeinander abgestimmten Regelungen verschiedener Rechtsschichten ergab, nämlich dem *ius civile* und militärischen Disziplinarvorschriften.

Ein weiteres stichhaltiges Argument gegen die Regelung des Heiratsverbotes in den Ehegesetzen ist der unterschiedliche Adressatenkreis beider Regelungen. Die Ehegesetze regelten *iusta matrimonii* römischer Bürger. Das Heiratsverbot aber betraf nicht nur Soldaten mit römischem Bürgerrecht, wie aus den ägyptischen Papyri eindeutig hervor geht.[301]

Auch der einzige quellenmäßige Hinweis auf den Regelungsort des Verbotes spricht gegen eine Regelung in den Ehegesetzen. In der im Papyrus BGU 140 überlieferten Konstitution schreibt Hadrian, dass die während der Dienstzeit geborenen Kinder von Soldaten deshalb nicht legitim sein konnten, weil ihre Väter gegen die militärische Disziplin verstoßen hatten. Das legt meines Erachtens nahe, dass das Heiratsverbot im Rahmen von Disziplinarvorschriften geregelt war, möglicherweise in der Form eines kaiserlichen *mandatum*.[302] Bei der *disciplina Augusti*, die Macer in D 49,16,12,1 erwähnt, handelte es sich vermutlich um eine Sammlung kaiserlicher Disziplinarvorschriften. Es ist denkbar, dass das Heiratsverbot auch in

300 MEYER, Eherecht, 25; TREGGIARI, Roman Marriage, 64.

301 WELLS, Daughters of the Regiment, 571.

302 Zu diesem Ergebnis kommt auch PHANG, Marriage, 119–124. Eines ihrer Argumente gegen die Regelung in den Ehegesetzen ist allerdings nicht stichhaltig. Sie meint, sie hätte Spuren in den Digesten hinterlassen müssen, doch bei der Kompilation der Digesten standen fast alle Teile der Ehegesetze nicht mehr in Geltung, weshalb die Ehegesetze überhaupt nur vergleichsweise geringe Spuren in den Digesten hinterlassen haben.

dieser Sammlung enthalten war. Da außer der Notiz Macers nichts über die *disciplina Augusti* bekannt ist, muss das allerdings Hypothese bleiben.[303]

Dazu passen auch die Ausführungen Suetons, der es als Maßnahme zur Straffung der Disziplin bezeichnet, dass die Legaten ihre Frauen im Sommer nicht sehen durften. Auch die eherechtlichen Einschränkungen für höhere Offiziere (sie durften keine Frauen aus der Provinz heiraten, in der sie stationiert waren) waren in kaiserlichen *mandata* festgelegt.[304]

c. Geltungsdauer

Die früheste Erwähnung eines allgemeinen Heiratsverbotes bezieht sich auf die Zeit von Claudius[305], und die Formulierung deutet darauf hin, dass das Verbot nicht erst von ihm erlassen wurde. In der Forschung herrscht Einhelligkeit darüber, dass das Verbot auf Augustus zurückgeht.[306] Als Augustus die Armee zu einem Berufsheer machte, versuchte er wieder eine striktere Disziplin sowie in den unteren Rängen eine weitgehende Trennung von Zivil und Militär durchzusetzen. Das Heiratsverbot passt zu beiden Bestrebungen. Offenbar wollte der erste Prinzeps verhindern, dass die Einsatzfähigkeit, Mobilität und militärische Professionalität durch Heirat der Soldaten eingeschränkt wird.

Aus Herodian (3,8,5)[307] ergibt sich, dass das Heiratsverbot von Septimius Severus aufgehoben wurde. Das wird dadurch bestätigt, dass es keine Zeugnisse gibt, die sich auf ein allgemeines Heiratsverbot in nachseverischer Zeit beziehen.

d. Ausgestaltung

Das Heiratsverbot war eine Disziplinarvorschrift, die aller Wahrscheinlichkeit nach von Augustus erlassen wurde. Sueton (Suet. Aug 1,24)[308] ist der einzige, der sich diesbezüglich mit der Zeit Augustus beschäftigt. Leider erwähnt er nur die Einschränkungen, denen Legaten unterlagen. Nur während der Wintermonate durften die Legaten ihre Frauen sehen. Das hängt damit zusammen, dass in der ganzen Antike Feldzüge praktisch nur während der Sommermonate unternommen wurden.[309] Für die Legaten, die als Statthalter auch zahlreiche nicht-militärische Aufgaben hatten, waren damit eher die Sommermonate die eigentliche militärische

303 PHANG, Marriage, 123.

304 D 23,2,38 pr; D 23,3,65, pr–1; D 23,2,63.

305 Cass. Dio. 60,24,3; zitiert oben S. 68.

306 CAMPBELL, Marriage, 153–154, führt überzeugend aus, dass die Erlassung durch Tiberius, Caligula oder Claudius sehr unwahrscheinlich ist. Siehe auch WELLS, Celibate Soldiers, 180–190.

307 Zitiert oben S. 69

308 Zitiert oben S. 68.

309 KROMAYER/VEITH, Heerwesen, 462.

Dienstzeit. Man kann davon ausgehen, dass einfache Soldaten zumindest denselben Einschränkungen unterlagen wie die höchsten Offiziere. Im Gegensatz zur kombinierten militärisch-zivilen Karriere der hohen Offiziere waren die unteren Ränge strikt vom Zivilleben getrennt. Für sie war das ganz Jahr eindeutig militärische Dienstzeit. Wenn man daher die für Legaten geltenden Einschränkungen auf die einfachen Soldaten überträgt, ist davon auszugehen, dass deren Kontakt zu ihren Frauen das ganze Jahr hindurch Einschränkungen unterlag.

Wie weit diese Einschränkungen gingen, ist nicht ganz klar. Jedenfalls war den Soldaten das Zusammenleben mit ihren Familien und der Vollzug der Ehe nicht gestattet. Bei einer Dienstzeit von 16 oder mehr Jahren ist leicht verständlich, dass Gaius meint,[310] eine Ehe werde mit Beginn des Militärdienstes aus praktischen Gründen geschieden. Wenn die Partner die Ehe aber dennoch aufrechterhalten wollten und die gegenseitige *affectio maritalis* weiter bestand, konnten sie jedoch verheiratet bleiben. Da der Vollzug der Ehe aber untersagt war, konnten sie keine legitimen Kinder haben, da der Soldat mit deren Zeugung gegen Disziplinarvorschriften verstoßen hätte. Daraus erklärt sich, dass Soldaten zwar Ehefrauen, aber selbst dann in ihrer Dienstzeit keine legitimen Kinder haben konnten. Die Ehelichkeitsvermutung von in aufrechter Ehe geborenen Kindern[311] kam hier wohl deshalb nicht zum Tragen, weil sie durch das disziplinarrechtliche Vollzugsverbot widerlegt wurde.

Jene Ehen, die wegen des Heereseintritts nicht geschieden wurden, – was wohl eine kleine Minderheit war – waren in ihrer Wirkung (vor allem der Ehelichkeit der Kinder) damit in gewisser Weise suspendiert. Mit Recht führt Behrends aus, dass sich die Auswirkungen einer solchen Suspendierung von denen einer Auflösung der Ehe nur wenig unterschieden, da den Eheleuten der Kontakt praktisch untersagt war.[312] Nur in Bezug auf die vermögensrechtlichen Auswirkungen beim Tod eines Ehepartners war es von Bedeutung, ob die Ehe eines Soldaten nur suspendiert oder geschieden wurde. Nicht zufällig beschäftigt sich das von Papinian referierte Reskript Hadrians[313] gerade mit einem derartigen Fall, indem es die Erbschaft nach der Ehefrau des Soldaten dem *peculium castrense* zuschlägt.

Für unverheiratete Soldaten ergab sich aus dieser Disziplinarvorschrift, dass es für sie während ihrer Dienstzeit unmöglich war zu heiraten.

Vor diesem Hintergrund lässt sich die Notiz Herodians über die Maßnahmen des Septimius Severus sehr viel wörtlicher verstehen. Dieser Kaiser erlaubte den Soldaten auch, während des Militärdienstes den Kontakt zu ihren Ehefrauen auf-

310 D 24,1,61, zitiert oben S. 70.

311 KASER, Privatrecht I, 345.

312 BEHRENDS, Rechtsregelungen, 162–164.

313 D 49,17,13; D 19,17,16 pr; zitiert oben S, 71.

rechtzuerhalten und die Ehe zu vollziehen. Damit gab es keine Veranlassung mehr, eine Ehe wegen des Militärdienstes zu scheiden; auch die Wirkungen aufrechter Ehen wurden durch den Heereseintritt nicht mehr suspendiert, und Soldaten konnten nunmehr auch während ihrer Dienstzeit legitime Kinder haben. Unverheirateten Soldaten war es fortan möglich zu heiraten.

Die Annahme einer Suspendierung aufrechter Soldatenehen birgt aber Schwierigkeiten in sich. Eine derartige Suspendierung ist im römischen Recht sonst nicht überliefert. Selbst für die Soldatenehen ist die Suspendierung nicht direkt durch die Quellen bezeugt, sondern ergibt sich nur aus deren harmonisierender Interpretation. Ein bloßes Heiratsverbot würde bedeuten, dass manche Soldaten verheiratet sein konnten und andere nicht. In den konkreten Auswirkungen unterschieden sich beide Gruppen durch die Suspendierung der aufrechten Ehen freilich nicht allzu sehr. Vielleicht lag im Zusammenstoß verschiedener Rechtsschichten gerade ein Grund für die eher inkohärenten Regelungen. Die Annahme eines Heiratsverbotes und einer Suspendierung von Ehen, die trotz des Militärdienstes nicht geschieden wurde, bleibt die einzige (wenn auch nicht beweisbare) Hypothese, die alle Quellen miteinander in Einklang bringen kann.

e. *Betroffene Ränge*

In der Literatur ist bis heute umstritten, welche Dienstgrade vom Heiratsverbot betroffen waren. Die Positionen reichen von der Vermutung, dass nur einfache Soldaten betroffen waren, bis zur Annahme eines Verbots, das alle Ränge bis zu den Zenturionen einschloss.[314]

Die im vorstehenden Kapitel präsentierte Überlegung zu Ursprung und Inhalt des Verbots kann auch hier einen neuen Ansatz bieten. Wie für die römische Armee überhaupt ist hier die Trennung zwischen senatorischen und ritterlichen Offizieren und den niedrigeren Rängen entscheidend. Beide unterlagen Einschränkungen im Kontakt zu allfälligen Ehefrauen, doch durch die verschiedene Dauer und den unterschiedlichen Charakter ihrer Dienstzeiten wirkten sich diese Einschränkungen in unterschiedlicher Weise aus: Für die niederen Ränge bewirkte sie ein allgemeines Heiratsverbot und die Suspendierung aufrechter Ehen, wenn sie nicht überhaupt geschieden wurden. Die höheren Offiziere konnten ihre Frauen in den Feldzugszeiten zwar nicht sehen, doch einem Heiratsverbot oder einer Suspendierung ihrer Ehen unterlagen sie wohl nicht, da ihnen der Kontakt zu ihren Frauen zumindestens in den Wintermonaten regelmäßig gestattet war.

Dass die höheren Offiziere dem allgemeinen Heiratsverbot nicht unterlagen, ergibt auch der Umkehrschluss aus der Existenz eines spezifischen „provinziellen" Heiratsverbotes, das für sie galt: Ihnen war nämlich verboten, Frauen aus der Pro-

314 Für eine Zusammenstellung der bisher vertretenen Ansätze siehe PHANG, Marriage, 119–122.

vinz zu heiraten, in der sie stationiert waren. Von diesem Verbot bestand eine Ausnahme für Offiziere, die selbst aus der entsprechenden Provinz stammten. Dieses spezifische Heiratsverbot wurde von Septimius Severus nicht aufgehoben, da es noch von severischen Juristen behandelt wurde.[315]

315 PHANG, Marriage, 119–122. Zum „provinziellen" Heiratsverbot siehe auch CHERRY, Marriage of Equestrian Officers.

IX. Erbrecht[316]

1. Das Soldatentestament

Schon in der Republik gab es mit dem *testamentum in procinctu*, eine eigene auf den militärischen Bereich bezogene Testamentsform. Dieses Testament wurde vor der gesamten zur Schlacht angetretenen Armee errichtet. Das *testamentum in procinctu* wurde seit sullanischer Zeit nicht mehr angewandt.[317]

Das spätere *testamentum militis* steht in keinem unmittelbaren Zusammenhang mit diesem republikanischen Institut. Über die Entwicklung dieses kaiserzeitlichen Soldatentestaments schreibt Ulpian:

> D 29,1,1 pr Ulpianus libro quadragesimo quinto ad edictum
> *Militibus liberam testamenti factionem primus quidem divus Julius Caesar concessit. Sed ea concessio temporalis erat. Postea vero primus divus Titus dedit: post hoc Domitianus. Postea divus Nerva plenissimam indulgentiam in milites contulit: eamque et Trajanus secutus.*
> Den Soldaten bewilligte eine freie Testamentserrichtung als erster der vergöttlichte Julius Caesar. Aber diese Bewilligung war nur eine vorübergehende. Dann vergab der vergöttlichte Titus sie als erster wirklich; nach ihm Domitian. Dann bedachte der vergöttlichte Nerva die Soldaten mit ungeheurer Großzügigkeit und ihm folgte Trajan.

Leider geht aus diesem Überblick nicht hervor, welche inhaltlichen Bestimmungen auf welche Kaiser zurückgehen. Auffällig ist, dass Ulpian Augustus nicht erwähnt.[318] Da er die Privilegierung durch Caesar als zeitweilig bezeichnet, kann man annehmen, dass es nach Caesar kein spezifisches Soldatentestament gab, und dieses erst von Titus dauerhaft wiedereingeführt wurde.[319] Sonst sagen die Quellen nur wenig über die Entwicklung des Soldatentestaments aus. Daher behandeln die folgenden Ausführungen das voll entwickelte Institut aus dem zweiten und frühen dritten Jahrhundert.

316 Zum Soldatentestament siehe KÜBLER, Testament, 1000–1002, SANDER, Recht des Soldaten, 170–173; WESCH-KLEIN, Soziale Aspekte, 139-146. Zum Intestaterbrecht und zu Papyrus BGU 140 siehe SCHIEMANN, Soldatenkinder, 233–244.

317 KÜBLER, Testament, 986–987.

318 Augustus gewährte allerdings den gewaltunterworfenen Soldaten eine bedeutende erbrechtliche Vergünstigung, indem er ihnen gestattete, über das *peculium castrense* zu testieren. Siehe dazu S. 44.

319 RENZ, Legal Position, 96.

a. Begünstigte

Die besondere Testamentsform stand allen Angehörigen der römischen Armee offen, also Legionären und Auxiliarsoldaten. Auch für die Flottensoldaten und die *vigiles* stellt Ulpian ausdrücklich klar, dass sie Soldatentestamente errichten konnten.[320] Daraus ergibt sich meiner Ansicht nach, dass das Privileg des Soldatentestaments offenbar nicht vom Bürgerrecht abhängig war. Die besonders einfach zu handhabende Form des Soldatentestaments wurde vermutlich nicht wegen der besonderen Umstände während eines Feldzuges geschaffen, sondern, um Soldaten, vor allem wenn sie nicht-römischer Abstammung und daher mit den Fomalakten des *ius civile* nicht vertraut waren, die Errichtung eines Testaments zu erleichtern.[321] Die besonderen Vergünstigungen des Soldatentestaments waren auch nicht auf Feldzugszeiten beschränkt, sondern galten während der gesamten Dienstzeit.[322]

Auch senatorische und ritterliche Offiziere konnten ein *testamentum militis* errichten. Sie konnten das nur während ihrer Dienstzeit tun, und ein derartiges Testament galt nur für die Dauer ihres Militärdienstes. Die Soldatentestamente der Ränge bis zum Zenturio behielten hingegen ihre Gültigkeit für die Dauer eines Jahres ab der *missio honesta*. Wer unehrenhaft aus dem Militärdienstes entlassen wurde, verlor damit auch das Privileg des Soldatentestaments.[323] Rekruten konnten ein Soldatentestament errichten, sobald sie ihrer Einheit zugeteilt und bei dieser registriert worden waren.[324] Seit Antoninus Pius konnte ein vor dem Heereseintritt abgefasstes Testament als Soldatentestament anerkannt werden.[325] Auch Soldaten, die im Zuge einer Versetzung ihre alte Einheit bereits verlassen und die neue noch nicht erreicht hatten, konnten ein *testamentum militis* errichten.[326]

Soldaten in Kriegsgefangenschaft konnten nicht wirksam testieren.[327] Wenn sie aber in der Gefangenschaft starben, blieb ein vorher errichtetes Testament gültig.[328]

b. Vergünstigungen

Das traditionelle römische Testament, das *testamentum per aes et libram*, war ein komplizierter Formalakt, der auf einer abgewandelten *mancipatio* beruhte. Für eine gültige Testamentserrichtung war die Anwesenheit von fünf Zeugen, einem Treu-

320 D 37,13,1,1.
321 ARANGIO-RUIZ, Testamentum militis, 164–171.
322 D 29,1,21.
323 D 29,1,21; D 29,1,26.
324 D 29,1,42.
325 D 29,1,9,1.
326 D 37,13,1,2.
327 D 29,1,10.
328 D 29,1,39. Siehe dazu auch S. 91.

händer (*familae emptor*) und einem Waghalter (*libripens*) erforderlich, vor denen der Erblasser in der *nuncupatio* seinen letzten Willen bestätigen musste. Das prätorische Recht verzichtete zwar auf die förmliche Manzipation, doch die Errichtung eines Testaments blieb weiterhin kompliziert, da sie immer noch die Anwesenheit von sieben Zeugen verlangte.[329]

Im Vergleich dazu bestand die zentrale Vergünstigung des Soldatentestaments in seiner vollkommenen Formfreiheit. Soldaten waren bei der Errichtung ihres letzten Willens nicht an die üblichen Testamentsformen gebunden und konnten sogar mündlich testieren.[330] Auch stumme und taube Soldaten konnten ein Testament errichten.[331] Wenn ein Soldat während der Dienstzeit starb, war auch ein unfertig hinterlassenes Testament gültig.[332]

Auch inhaltlich unterlagen die Soldatentestamente kaum Einschränkungen. Die *testamenti factio passiva* war derart erweitert, dass Soldaten praktisch jedermann als Erben einsetzen konnten. Anders als Zivilisten konnten sie *peregrini* einsetzen, und sogar die Einsetzung von Verbannten war zulässig.[333] Auch Unverheiratete (*caelibes*) und Kinderlose (*orbi*) unterlagen, wenn sie von Soldaten eingesetzt wurden, nicht den Erwerbsbeschränkungen, die ihnen sonst durch die augusteischen Ehegesetze auferlegt waren.[334] Nur ehebrecherische Frauen konnte ein Soldat letztwillig nicht bedenken.[335] Letztwillige Freilassungen waren auch, wenn sie von Soldaten vorgenommen wurden, an die Einschränkungen der *lex Fufia Caninia* gebunden.[336]

Begünstigt waren Soldaten auch bei der Enterbung von *sui heredes*. Während diese nach *ius civile* ausdrücklich enterbt werden mussten, konnte das ein Soldat schon durch bloßes Übergehen in seinem Testament tun.[337] Die fehlende Enterbung eines *suus* machte das Testament eines Soldaten anders als das eines Zivilisten nicht ungültig.[338] Das konnte insbesondere bei nachgeborenen Kindern, von denen ein gefallener Soldat nicht erfahren hatte, von Bedeutung sein.

Wenn ein Soldat mehrere Testamente errichtete, hob das zeitlich spätere grundsätzlich das frühere auf. Wenn der Erblasser es ausdrücklich anordnete, konnte das

329 Zum Testament im Allgemeinen siehe nur KASER, Privatrecht I, 679–680.
330 D 29,1,24.
331 D 29,1,4; Gai. 2,112.
332 D 29,1,35.
333 D 29,1,13,2, Gai. 2,110.
334 Gai. 2,111.
335 D 29,1,41,1; D 34,9,14.
336 Zu diesen Beschränkungen siehe nur KASER, Privatrecht I, 297.
337 D 29,1,7. Diese Erwähnung ehelicher Soldatenkinder stammt von Ulpian, also aus der Zeit nach der Aufhebung des Heiratsverbotes.
338 KASER, Privatrecht I, 705–707.

frühere Testament auch neben dem späteren in Geltung bleiben, soweit deren Anordnungen miteinander vereinbar waren.[339]

Ausgesprochen begünstigt waren Soldaten schließlich dadurch, dass es nach ihnen testamentarische und Intestaterbfolge nebeneinander geben konnte. Der Grundsatz *nemo pro parte testatus pro parte intestatus decedere potest* (niemand kann teils testamentarisch, teils intestat dahingehen)[340] galt für sie also nicht. Wenn ein Soldat testamentarisch nur über einen Teil seines Vermögens verfügte, wurde auf den anderen die gesetzliche Erbfolge angewandt.[341] Insbesondere konnten Soldaten getrennt über *bona castrensia* (das im Militärdienst Erworbene) und ihr sonstiges Vermögen testieren.[342] Über die *bona castrensia* konnten sogar verurteilte (selbst zum Tod verurteilte) Soldaten testieren.[343] Gewaltunterworfene Soldaten konnten über das *peculium castrense* testieren.[344]

Auch in der Aussetzung von Legaten unterlagen Soldaten nicht denselben Einschränkungen wie Zivilisten. Sie waren nicht an die *quarta Falcidia*[345] gebunden, und konnten damit wirksam auch über mehr als Dreiviertel ihres Nachlasses in Legaten verfügen.[346]

2. Intestaterbrecht

Solange römische Soldaten aus ihrer Dienstzeit keine legitimen Kinder haben konnten, waren die Kinder beim Tod des Soldaten keine gesetzlichen Erben, da illegitime Kinder rechtlich nicht als mit dem Vater verwandt galten.[347] Diese Situation, die für Soldaten besonders unbefriedigend war, weil sie aus ihrer Dienstzeit gar keine legitimen Kinder haben konnten, änderte sich durch die folgende Entscheidung Hadrians:

BGU 140[348]

ἀν[τί]γρα(φον) ἐπιστ[ολ(ῆς) τοῦ κυρίου με]θηρμ[ην]ευ-
μένης [.........]ω [ἢ]
[(ἔτους)] 3 Τραι[α]νο[ῦ Ἁδριανοῦ Σεβαστο]ῦ
[Πουπλίου Α[ἰλίου τὸ 3 καὶ] [Ῥου]στικοῦ
[ὑπά]τοις προε[τέθη ἐν .... ἐν τῇ] Ἀλεξανδρεία παρεμβολ(ῇ)

339 D 29,1,19 pr; D 29,1,34,2.
340 Inst. 2,14,5; D 29,1,6; dazu nur KASER, Privatrecht I, 677.
341 Gai. 2,109.
342 D 29,1,17,1; D 16,2,16 pr.
343 D 29,1,11 pr; D 38,12,1.
344 Siehe dazu S. 44; außerdem LEHMANN, Eigenvermögen, 231–236.
345 Zur *lex Falcidia* siehe STEINWENTER, Lex Falcidia; SCHANBACHER, Ratio legis Falcidiae.
346 D 29,1,18 pr.
347 Inst. 1,10,12; Inst. 3,5,4.
348 FIRA I,78.

τῆ[ς] χειμασία[ς λεγιῶνο(ς) τρίτης] Κυ[ρ]ηναικῆς κ[αὶ] λεγιῶνο(ς) [2] κ[αὶ εἰκο]στ[ῆ]ς Δηιοτεριανῆς πρίδιε νό[ν]ας Ἀουγο[ύσ]τας, ὅ ἐστιν Μεσορὴ 11 ἐν πρινκε[π]ίοι[ς].

ἐπί[σ]ταμαι, Ῥάμμιέ μου, τ[ο]ύτους, ο[ὓ]ς οἱ γονεῖς αὐτῶν τῷ τῆς στρατείας ἀνείλαντο χρόνῳ, τὴν πρὸς τὰ πατρικὰ [ὑπάρ]χοντα πρόσοδον κεκωλῦσθαι, κ[αὶ τ]οῦτο οὐκ ἐδόκει σκληρὸν ε[ἶ]ναι [τὸὐν]αντίον αὐτῶν τῆς στρατιω[τι]κῆ[ς] [διδα]χῆς πεποιηκότων. ἥδιστα δέ αὐτὸς προείεναι τὰς ἀφορμὰς δι᾽ ὧν τὸ αὐστηρότερον ὑπὸ τῶν πρὸ ἐμοῦ Αὐτοκρατόρων σταθὲν φιλανθρωπότερ[ο]ν ἑρμηνεύω. ὄνπερ τοιγαροῦν τ[ρόπ]ον οὔκ εἰσιν νόμιμοι κληρο[νόμ]οι τῶν ἑαυτῶν πατέρων οἱ τῷ [τ]ῆς στρατε[ί]ας χρόνῳ ἀναλ[η]μφθέντες, ὅμως κατ[ο]χὴ[ν] ὑ[πα]ρχόντων ἐξ ἐκείνου τοῦ μέ[ρ]ους τοῦ διατάγματος, οὗ καὶ τοῖς πρὸς [γ]ένους συνγενέσι δίδοται, αἰτεῖσθαι δύνασθαι καὶ αὐτοὺς κρε[ίν]ω. ταύτην μου τὴν δωρεὰν καὶ τοῖς στρατιώταις ἐμοῦ καὶ τοῖς οὐετρανοῖς εὔγνωστόν σε ποιῆσαι δεήσει, οὐχ ἕνεκα τοῦ δοκεῖν με αὐτοῖς ἐνλογεῖν, ἀλλὰ ἵνα τούτῳ χρῶνται, ἐὰν ἀγνοῶσι.

Abschrift eines kaiserlichen Briefes, übersetzt, der ... öffentlich bekannt gemacht wurde im dritten Regierungsjahr des Trajan Hadrian Augustus, im dritten Konsulat des Publius Aelius und des Rusticus im Winterlager der legio III cyrenaica und der legio XXII Deiotariana, am 4. August, was der 11. Mesore ist, im Hauptquartier.

Ich weiß, mein lieber Rammius, dass jene, die von ihren Eltern in deren militärischer Dienstzeit als ihre Kinder anerkannt wurden, davon ausgeschlossen waren, das Vermögen ihrer Väter zu erben, und das erschien nicht hart, da ihre Handlung gegen die militärische Disziplin verstieß. Aber ich finde es höchst erfreulich, Beispiele zu geben, durch die ich die von den Kaisern vor mir eingeführte, vergleichsweise harte Regelung etwas großzügiger auslegen kann. Denn obwohl die während der militärischen Dienstzeit Anerkannten keine legitimi ihrer Väter sind, entscheide ich dennoch, dass auch sie die bonorum possessio verlangen können nach der Bestimmung des Edikts, die dieses Recht den cognatischen Verwandten gibt. Es wird Deine Pflicht sein, diese Vergünstigung von mir meinen Soldaten und den Veteranen gut bekannt zu machen, nicht damit ich in ihrer Achtung steige, sondern, dass sie davon profitieren können, wenn sie sich dessen nicht bewusst sind.

Die in diesem Papyrus überlieferte Entscheidung wird üblicherweise so verstanden, dass Hadrian den illegitimen Kindern von Soldaten ein gesetzliches Erbrecht in der Klasse *unde cognati* zugestand.[349] Damit waren sie immer noch deutlich schlechter gestellt als legitime Kinder, da sie nur erben konnten, wenn es keine Erben in den ersten beiden Klassen (*unde liberi, unde legitimi*) gab. Als Erben in der Klasse *unde liberi* kamen bei Soldaten freilich nur legitime Kinder in Betracht, die vor oder nach ihrer Dienstzeit geboren worden waren. Das gesetzliche Erbrecht illegitimer Kinder in der Klasse *unde cognati* scheint nicht ganz in das System des prätorischen Erbrechts zu passen, da grundsätzlich nur Verwandte in dieser Klasse erben konnten[350], illegitime Kinder mit ihren Vätern rechtlich gesehen aber nicht verwandt waren.

Von dieser Überlegung ausgehend kommt Schiemann zu einer grundlegend anderen Interpretation von BGU 140.[351] Seiner Meinung nach gestand Hadrian den illegitimen Soldatenkindern in dieser Entscheidung kein gesetzliches Erbrecht zu, sondern räumte den Soldaten nur die Möglichkeit ein, ihre Kinder testamentarisch zu Erben einzusetzen. Teilweise stützt er sich dabei auf textliche Argumente, da die Bedeutung einiger Begriffe in der griechischen Übersetzung nicht ganz eindeutig ist. Außerdem verweist er darauf, dass Hadrians Aufforderung an die Soldaten, von den Vergünstigungen Gebrauch zu machen, sehr viel besser zu einer neu geschaffenen Möglichkeit passt, die Kinder testamentarisch einzusetzen. Schließlich führt er noch an, dass Pausanias der Periheget berichtet, Antoninus Pius habe den Soldaten eingeschärft, dass sie ihr Vermögen ihren Kindern nur testamentarisch hinterlassen könnten.[352]

Nach dem herkömmlichen Verständnis von der Gewährung eines Intestaterbrechts würde die Entscheidung Hadrians insofern ein Unikum bilden, als es sich dabei um den einzigen Fall staatlicher „Fürsorgegesetzgebung" für uneheliche Kinder aus der römischen Antike handeln würde.[353] Insofern würde das Ergebnis von Schiemanns Interpretation besser zum Umgang des römischen Rechts mit ille-

349 Z.B.: MEYER, Eherecht, 30–40; PHANG, Marriage, 44–48.
350 KASER, Privatrecht I, 700.
351 SCHIEMANN, Soldatenkinder, 238–244.
352 Paus. 8,43,5.
353 SCHIEMANN, Soldatenkinder, 244.

gitimen Kindern passen. Dem ist entgegenzuhalten, dass Soldaten in mehrfacher Hinsicht untypisch privilegiert waren (etwa durch das *peculium castrense*). Es mag ein weiterer Grund für die besondere Bevorzugung illegitimer Soldatenkinder gewesen sein, dass Soldaten während ihrer Dienstzeit aufgrund der eherechtlichen Disziplinarvorschriften gar keine legitimen Kinder haben konnten.

Schiemanns Auffassung ist allerdings nur bezüglich peregriner Soldatenkinder plausibel. Es wäre keine besondere Vergünstigung gewesen, Soldaten zu gestatten, dass sie ihre illegitimen Kinder testamentarisch einsetzen können, wenn diese römische Bürger waren. Das war schon nach *ius civile* möglich. Die Einsetzung Peregriner war nach *ius civile* jedoch nicht möglich.[354] Allerdings war es im Rahmen des Soldatentestaments ganz generell möglich, Peregrine einzusetzen, doch die Begünstigung könnte aus der Zeit nach Hadrian stammen, da der älteste Beleg eine Stelle bei Gaius ist.[355] Außerdem spricht Hadrian in BGU 140 ganz generell von Soldatenkindern, ohne zwischen Bürgern und Peregrinen zu unterscheiden. Daher ist die traditionelle Auffassung von der Gewährung eines Intestaterbrechts wohl die wahrscheinlichere. Eine eindeutige Entscheidung ist angesichts der gegebenen Quellenlage allerdings nicht möglich.

In jedem Fall ist Hadrians Entscheidung ein früher Beleg für eine *humana interpretatio* durch einen Kaiser. Hadrian schwächt mit seinem Brief eine Härte des geltenden Rechts ab, gewährt den Soldaten in Bezug auf ihre illegitimen Kinder eine besondere Begünstigung, die nicht ganz in das System des *ius civile* passt, und begründet das mit dem Bemühen das Recht in einer menschlicheren Weise zu interpretieren.[356]

354 Kaser, Privatrecht I, 684.

355 Gai. 2,110.

356 Meinhardt, D 38,17,16, 261–262; Hausmaninger, Benevolent and Humanae Opinions, 1149–1150. Die *humana interpretatio* wurde in der Spätantike ein typisches Begründungsmuster für Kaiserentscheidungen, zu dieser weiteren Entwichlung siehe Honig, Humanitas.

X. Kriegsgefangenschaft[357]

Die Regelungen über die Auswirkungen der Kriegsgefangenschaft und das *ius postliminii* (Heimkehrrecht) galten für Zivilisten und Soldaten gleichermaßen, waren also kein militärrechtliches Spezifikum. Trotzdem kann man davon ausgehen, dass in der Praxis Soldaten weitaus am häufigsten von der Gefangennahme betroffen waren.

1. Wirkungen der Gefangennahme

Kriegsgefangene wurden in der Antike ganz allgemein mit ihrer Gefangennahme zu Sklaven. Die Römer wendeten diese Regelung des *ius gentium* konsequenterweise auch auf ihre eigenen Bürger an.[358] Die Gefangennahme eines römischen Soldaten mit Bürgerrecht war damit eine *capitis deminutio maxima.*[359] Der Betroffene verlor seine Freiheit und damit sein Bürgerrecht und seinen *status familiae.* Auch gegenüber (Auxiliar)Soldaten ohne Bürgerrecht hatte die Gefangennahme insofern den Effekt einer *capitis deminutio*, als diese ihre Freiheit verloren.

Für die Dauer der Gefangenschaft war der Statusverlust eines Kriegsgefangenen unwiderruflich.[360] Sofern ihnen aber das *postliminium* zustand, erhielten sie ihren *status* aus der Zeit vor der Gefangennahme zurück, sobald sie in den Machtbereich des Römischen Reiches zurückkehrten oder zumindestens in das Gebiet römischer Verbündeter.[361]

357 Zur Kriegsgefangenschaft und zum *postliminium* siehe MITTEIS, Römisches Privatrecht I, 127–135; AMIRANTE, Captivitas; KRELLER, Juristenarbeit; KRELLER, Postliminium; WIELING, Begründung des Sklavenstatus, 4–8.

358 Gai. 1,129, UE 10,4; KASER, Privatrecht I, 291.

359 MITTEIS, Privatrecht, 128–129, KADEN, Rezension von AMIRANTE, Captivitas, 256 gehen davon aus, dass die Gefangennahme keine *capitis deminutio* war, sondern wegen des Schwebezustandes, der sich durch die Möglichkeit des *postliminiums* ergab, nur wie eine *capitis deminutio* wirkte. Diese Annahme findet in den Quellen allerdings keine Bestätigung. Daher ist AMIRANTE, Captivitas, 25–28, rechtzugeben, wenn er die Gefangennahme als tatsächliche *capitis deminutio* behandelt.

360 Abgesehen davon, dass sie nach dem Recht des gefangen nehmenden Staates freigelassen werden konnten.

361 D 49,15,5,1.

2. Das *postliminium*

Das *postliminium* bewirkte, dass der Rechtsverlust durch die Gefangennahme zumindestens teilweise kein endgültiger war. Manche Rechte und Rechtsverhältnisse lebten mit der Rückkehr wieder auf; sie wurden durch die Kriegsgefangenschaft bloß suspendiert. Andere Lebensbereiche fielen hingegen nicht in den Anwendungsbereich des *postliminium.* Hier bewirkte die Gefangennahme keine bloße Suspension, sondern den endgültigen Verlust.

a. Anwendungsbereich

Das *postliminium* konnte nur in jenen Fällen zur Anwendung kommen, in denen eine Kriegsgefangenschaft im technischen Sinn vorlag. In anderen Fällen wie der Entführung durch See- oder Straßenräuber war dieses Institut nicht erforderlich, da die Entführten gar keine *capitis deminutio* erfuhren.[362]

Auch bei echter Kriegsgefangenschaft wurde das *postliminium* nicht immer angewandt. Auf Kriegsgefangene, die noch während der Feindseligkeiten zurückkehrten, wurde es jedenfalls angewandt.[363] Während (kurzfristiger) Waffenstillstände fand das *postliminium* keine Anwendung.[364] Ob die Rückkehr nach einem (endgültigen) Friedensschluss zur Wiedererlangung des vorherigen *status* durch das *postliminium* führte, hing von den Bestimmungen des jeweiligen Friedensvertrages ab.[365] Wer aber freiwillig beim Feind blieb, verlor den Anspruch auf das *postliminium.*[366] Ebenso wurde das *postliminium* nicht auf solche Personen angewandt, die Römer selbst ihren Gegnern ausgeliefert hatten.[367] Schließlich wurde auch Überläufern das *postliminium* nicht zuteil.[368] Da Überläufer als zu den Feinden gehörig betrachtet wurden, nimmt Wieling mit Recht an, dass ein von den Römern ergriffener Überläufer als gefangener Feind zum Sklaven wurde.[369]

Irrelevant für die Anwendbarkeit des *postliminium* war die Art und Weise, wie ein Gefangener in den Machtbereich des Römischen Reiches zurückgekehrt war. Nicht nur denjenigen, die selbst aus der Gefangenschaft geflohen waren, sondern

362 D 49,15,19,2.
363 D 49,15,12,pr.
364 D 49,15,19,1.
365 D 49,15,12 pr.
366 D 49,15,20 pr.
367 D 49,15,4.
368 D 49,15,19,4; In diesem Zusammenhang ist auf die ausführlichen Verfahrensvorschriften zu verweisen, die Hadrian erlassen hat, um zu klären, ob vom Feind zurückgekehrte Soldaten, Überläufer waren oder nicht. Siehe dazu S, 32.
369 WIELING, Begründung des Sklavenstatus, 5.

auch solchen, die von römischen Truppen befreit[370] oder von anderen Personen zurückgekauft worden waren[371], wurde das *postliminium* zuteil.

b. Wirkung

Die dogmatische Konstruktion[372] zur Wiederherstellung von Rechten durch das *postliminium* beschreibt Ulpian folgendermaßen:

> D 49,15,18 Ulpianus libro trigensimo quinto ad Sabinum
>
> *In omnibus partis iuris is, qui reversus non est ab hostibus, quasi tunc decississe videtur, cum captus est.*
>
> In allen Rechtsbereichen wird derjenige, der aus der Gefangenschaft nicht zurückgekommen ist, vom Zeitpunkt seiner Gefangennahme an als tot betrachtet.
>
> D 49,15,16[373] Ulpianus libro terio decimo ad Sabinum
>
> *Retro creditur in civitate fuisse, qui ab hostibus revenit*
>
> Rückwirkend als im Staat anwesend betrachtet wird, wer von den Feinden zurückkehrt.

Die Kriegsgefangenschaft bewirkte also keinen endgültigen Rechtsverlust, sondern bloß einen Schwebezustand. Erst durch das weitere Schicksal des Gefangenen entschied sich auch das seiner Rechte. Wenn er in der Gefangenschaft starb, waren seine Rechte erloschen und zwar bereits ab dem Zeitpunkt seiner Gefangennahme. Kehrte er hingegen aus der Gefangenschaft zurück und stand ihm das *postliminium* offen, wurde der rückwirkende Fortbestand seiner Rechte fingiert. Sie wurden so behandelt, als wären sie durch die Gefangennahme überhaupt nicht unterbrochen worden.[374]

c. Rechte, die wiederhergestellt wurden.

Die wichtigste Wirkung des *postliminium* war, dass das Bürgerrecht (überhaupt der *status*) des Gefangenen wiederhergestellt wurde, sobald dieser zurückkehrte.[375] Damit wurde auch die *patria potestas* bei der Rückkehr wiederhergestellt. Die Hauskinder eines Kriegsgefangenen wurden durch dessen Gefangennahme nicht gewaltfrei.[376] Nur wenn der *pater familias* in der Gefangenschaft starb, galten sie – entsprechend den Regeln, die beim Tod des *pater familias* zur Anwendung kamen

370 D 49,15,26.

371 WIELING, Begründung des Sklavenstatus, 9.

372 Diese Konstruktion wurde möglicherweise in der Anwendung der *lex Cornelia* entwickelt und dann auf das *postliminium* übertragen, so zumindestens AMIRANTE, Captivitas, 43–46.

373 Ganz ähnlich: D 49,15,12,6.

374 AMIRANTE, Captivitas, 41–46; WIELING, Begründung des Sklavenstatuts, 5–7.

375 D 49,15,16.

376 D 49,15,14 pr.

– rückwirkend ab dem Zeitpunkt der Gefangennahme als gewaltfrei. Kehrte der Vater hingegen zurück, wurde eine ununterbrochene *patria potestas* fingiert. Auch die Gewalt über Kinder, die erst nach der Gefangennahme des Vaters geboren worden waren, wurde in dieser Weise behandelt.[377] Dieselben Regelungen galten für Enkelkinder.[378] Die Wiederherstellung der *patria potestas* bei der Rückkehr führte außerdem dazu, dass alles, was Gewaltunterworfene in der Abwesenheit des Gewalthabers erworben hatten, rückwirkend als für diesen erworben galt.[379] Nur in einem Bereich wurden Haussöhne eines Kriegsgefangenen schon ab der Gefangennahme wie Gewaltfreie behandelt: Sie konnten ohne Zustimmung des Vaters heiraten.[380]

Die *patria potestas* wurde auch insofern durch das *postliminium* wiederhergestellt, als sich aus der Kriegsgefangenschaft zurückkehrte Hauskinder weiterhin in der Gewalt ihres Vaters befanden. Bis Septimius Severus war die Wiederherstellung der väterlichen Gewalt in dieser Form bezüglich zurückgekehrter Hauskinder für Soldaten weitaus bedeutsamer als die bezüglich zurückgekehrter Hausväter, da zahlreiche Soldaten vermutlich selbst Haussöhne waren, während die Zahl derer, die legitime Kinder, und damit Hauskinder hatten, aufgrund des Heiratsverbotes sehr gering gewesen sein wird.

In ähnlicher Weise wurde das Eigentum des Gefangenen rückwirkend wiederhergestellt.[381] Auch die vertraglichen Ansprüche eines Gefangenen lebten mit der Rückkehr wieder auf.[382] Wenn sich ein Kriegsgefangener wegen seiner Gefangenschaft einem Prozess nicht hatte stellen können, so erhielt er nach seiner Rückkehr eine entsprechende Einrede.[383] Schließlich wurde durch das *postliminium* auch die *tutela legitima* wiederhergestellt, die für die Dauer der Gefangenschaft einem Vertreter übertragen wurde.[384]

d. Bereiche, die nicht wiederhergestellt wurden

Durch das *postliminium* nicht wiederhergestellt wurden vor allem Besitz und Ehe. In beiden Fällen handelt es sich nicht um Rechtsverhältnisse, sondern um Tatsachen, die freilich gewisse rechtliche Auswirkungen hatten. Als bloße Tatsachen wurden Besitz[385] und Ehe[386] mit der Gefangennahme zwangsläufig und endgültig

377 D 49,15,23.
378 D 49,15,12,3.
379 D 49,15,22,2.
380 D 49,15,12,2.
381 D 49,15,22,1; Amirante, Captivitas, 77–85.
382 D 47,2,41,3; Amirante, Captivitas, 87–91.
383 D 2,11,4,3.
384 Gai. 1,187; Amirante, Captivitas, 60–66.
385 D 41,2,23,1; Amirante, Captivitas, 141–148.

beendet. Es kam hier also nicht zu einem Schwebezustand. Eine Wiederherstellung bei der Rückkehr allein durch das *postliminium* war nicht möglich. Sowohl Besitz als auch Ehe konnten jedoch nach der Rückkehr neu begründet werden – durch erneute Inbesitznahme beziehungsweise durch erneuten Ehekonsens.[387]

Die Auflösung der Ehe durch die Gefangennahme wirkte absolut. Selbst wenn beide Ehegatten gemeinsam gefangen genommen wurden und in der Gefangenschaft vereint waren, beendete die Gefangenschaft ihre Ehe. Nur in diesem einen Sonderfall lebte die Ehe bei der gemeinsamen Rückkehr beider Partner kraft *postliminium* wieder auf, und musste nicht durch erneuten Konsens neu begründet werden. Daher galten während der gemeinsamen Gefangenschaft ihrer Eltern geborene Kinder seit einem Reskript von Septimius Severus und Caracalla dann als ehelich, wenn sie mit beiden Eltern gemeinsam aus der Gefangenschaft zurückkehrten.[388]

Bis zur Aufhebung des Heiratsverbotes durch Septimius Severus war die Auflösung der Ehe durch die Kriegsgefangenschaft für die große Mehrheit der Soldaten freilich keine relevante Frage.

3. Die *lex Cornelia*

Die Gefangennahme und der damit verbundene Statusverlust eines römischen Soldaten führten hinsichtlich der Gültigkeit eines allfälligen Testaments zu erheblichen Problemen: Da kein Todesfall vorlag, konnte die Gefangennahme selbst keine Erbfolge auslösen. Durch sie hatte der Gefangene aber sein Bürgerrecht verloren, so dass eine Voraussetzung für die Gültigkeit des Testaments (nämlich das Bürgerrecht im Zeitpunkt des Todes) fehlte, wenn er in der Gefangenschaft starb.

Dieses Dilemma wurde durch eine *lex Cornelia*, vermutlich aus der Zeit Sullas,[389] behoben. Dieses Gesetz legte fest, dass ein in der Gefangenschaft verstorbener (ehemaliger) römischer Soldat so behandelt werden sollte, als wäre er *in civitate* verstorben (*fictio legis Corneliae*). Die klassischen Juristen verstanden diese Regelung derart, dass der Gefangene, wenn er in der Gefangenschaft starb, als bereits zum Zeitpunkt der Gefangennahme verstorben galt.[390]

386 D 24,2,1; HUBER, Ehekonsens, 83–85.
387 D 49,15,14; HUBER, Ehekonsens, 85–86
388 C 8,50,1; D 17,1,3; D 49,15,9; D 49,15,25; HUBER, Ehekonsens, 87–92.
389 AMIRANTE, Captivitas, 32–40.
390 Diese Entwicklung ist immer noch am besten dargestellt bei MITTEIS, Privatrecht, 134, Fn. 35.

XI. Veteranen[391]

1. Die Entlassung

Die römische Armee der Kaiserzeit kannte vier verschiedene Formen der Entlassung:[392]

(1) Die *missio honesta* war die ehrenvolle Entlassung nach abgeleisteter voller Dienstzeit.[393] Für die Soldaten bestand allerdings kein durchsetzbarer Rechtsanspruch auf ihre Entlassung nach Ableistung der vorgeschriebenen Dienstzeit. Im Bedarfsfall wurde die *missio* immer wieder hinausgeschoben, wie zahlreiche Beispiele länger dienender Soldaten belegen.[394] Zu einer Verzerrung der Dienstzeit kam es auch, weil die Entlassungen nur mit einigem Abstand vorgenommen wurden. Bis Marc Aurel erfolgten sie nur alle zwei Jahre, später jährlich. Typische Entlassungszeiten lagen im Dezember oder Jänner, also in Zeiten, in denen nicht mit Kämpfen zu rechnen war. Seit dem zweiten Jahrhundert entwickelte sich der 7. Jänner zum fixen Datum für die *missio* stadtrömischer Truppen.[395] Grundsätzlich waren nur mit der ehrenhaften Entlassung die besonderen Rechte und Privilegien der Veteranen verbunden.[396]

(2) Die *missio causaria* war die vorzeitige Entlassung aus gesundheitlichen Gründen, etwa wegen Invalidität. Auch diese Art der Entlassung galt als ehrenhaft, doch inwieweit die betroffenen Soldaten Veteranenprivilegien erhielten, ist nicht vollkommen klar. In Truppenkörpern, deren Soldaten durch Militärdiplome Bürgerrecht und/oder *conubium* erhielten, galt das auch für *causarii* (die aus gesundheitlichen Gründen vorzeitig Entlassenen). Das belegt das Vorhandensein entsprechender Diplome.[397] Ob das unterschiedslos alle *causarii* erfasste oder nur jene, die eine bestimmte Dienstzeit erreicht hatten, muss offen bleiben. Als die Befreiungen von *munera* in severischer Zeit endgültig systematisiert und zeitlich begrenzt wurden, genossen *causarii* die Befreiungen kürzer als durch *missio honesta* Entlassene,

391 Zu den Veteranen siehe RENZ, Legal Position, 108–168; ECK/WOLFF, Heer und Integrationspolitik; LINK, Veteranen; WESCH-KLEIN, Soziale Aspekte, 179–200; LAMBERT/SCHEUERBRANDT, Das Militärdiplom.

392 D 3,2,2,2; D 49,16,13,3.

393 Zur Dienstzeit siehe S.22.

394 Tac. ann. 1,17,2; 1,35,2; CIL III,4844; III,4846; III,4847; III,11554.

395 WESCH-KLEIN, Soziale Aspekte, 182 Fn. 20.

396 WESCH-KLEIN, Soziale Aspekte, 181–182.

397 CIL XVI,17.

wobei die genaue Dauer nach der abgeleisteten Dienstzeit gestaffelt war.[398] Ob Soldaten, die ihre Laufbahn durch *missio causaria* beendeten, Land- oder Geldzuweisungen erhielten, ist nicht bekannt.

(3) Die *missio ignominiosa* war die unehrenhafte, strafweise Entlassung aus dem Heeresdienst. Sie war eine typische Strafe des Militärstrafrechts und schloss den derart Entlassenen von allen Veteranenprivilegien aus. In Form der *missio ignominiosa* entlassene Soldaten galten gar nicht als Veteranen, sondern eben als schimpflich Ausgestoßene. Wenn ein Soldat während seiner Dienstzeit eine andere Militärstrafe verbüßt hatte (wie Soldabzug, Strafversetzung oder Degradierung), stand das allerdings einer ehrenvollen Entlassung nicht im Weg.[399]

(4) Einen Sonderfall bildete schließlich die Entlassung von Soldaten, die sich nur zum Militär gemeldet hatten, um *munera* zu entgehen oder die (zeitweilige) Entlassung von Soldaten, die in einen Prozess verwickelt waren.[400] Hier handelte es sich um eine Entlassung wegen eines zeitweiligen Ausschließungsgrundes vom Militärdienst.[401]

Die Erteilung der *missio* war grundsätzlich ein Vorrecht des Kaisers,[402] doch zahlreiche Inschriften belegen, dass diese Aufgabe regelmäßig an die Statthalter delegiert wurde.[403]

Man kann davon ausgehen, dass durchschnittlich etwa 40 % der Soldaten das Ende ihrer Dienstzeit nicht erlebten (durch Kämpfe, aber auch natürliche Todesursachen), und weitere 10–15 % den Dienst aus gesundheitlichen Gründen oder durch unehrenhafte Entlassung vorzeitig beendeten. Das bedeutet, dass knapp die Hälfte der Soldaten ehrenhaft entlassen wurde und damit in den vollen Genuss der Veteranenprivilegien kommen konnte.

Die beschriebenen Arten der *missio* waren nur auf die Ränge bis zu den Zenturionen anwendbar. Für die ritterlichen und senatorischen Offiziere war der Austritt aus der Armee hingegen keine Entlassung im technischen Sinn mit der damit verbundenen Privilegierung, sondern ein Schritt ihrer militärisch-zivilen Karriere.

2. Entlassungsprämien

Seit Augustus erhielten Veteranen bei ihrer Entlassung eine Abfindung, die entweder aus einer Geldzahlung (*missio nummaria*) oder der Zuteilung eines Landloses (*missio agraria*) bestand. Abfindungen sind für Legionäre und Prätorianer belegt.

398 D 27,1,8,2–3, siehe dazu S. 117.
399 C 12,35,7.
400 C 12,33,1; D 49,16,4,8.
401 Siehe dazu S. 18.
402 D 3,2,2,2.
403 CIL III,1078; III,1172; XVI,43; XVI,69; XVI,99.

Ob auch die Auxilien Entlassungsprämien erhielten, bleibt unklar. Es erscheint aber denkbar, dass die Auxiliarsoldaten von den Entlassungsgeldern ebenso ausgeschlossen waren, wie von den Donativen.[404] Vermutlich änderte sich das in Folge der *constitutio Antoniniana*. Sicher belegt ist die diesbezügliche Gleichbehandlung aller Truppen jedoch erst für das Jahr 323 n.Chr.[405]

a. Abfindung durch Geld

Schon in der späten Republik waren Veteranen in Kolonien angesiedelt worden, um ihre Versorgung sicherzustellen.[406] Die Abfindung durch Geld wurde hingegen von Augustus eingeführt, der das *aerarium militare* einrichtete, um diese Abfindungen zu finanzieren.[407] Das *aerarium militare* wurde aus zwei Steuern gespeist: der *vicesima heredidatium* (einer fünfprozentigen Erbschaftssteuer) und der *centesima rerum venalium* (einer Art Umsatzsteuer in Höhe von einem Prozent).[408]

Augustus legte die Prämie grundsätzlich auf 12.000 Sesterzen für Legionäre und 20 000 für Prätorianer fest. Höhere Dienstgrade erhielten höhere Summen, doch es ist nicht überliefert, um wie viel sie mehr bekamen.[409] Die Höhe der Prämie im Einzelfall lag aber weiterhin im Ermessen des Kaisers; Er konnte die Summe als Auszeichnung für verdiente Soldaten erhöhen oder wegen Verfehlungen herabsetzen und sogar ganz streichen.[410] Caligula reduzierte das Entlassungsgeld kurzfristig auf die Hälfte,[411] doch ansonsten blieb die Höhe der Prämien für die nächsten zweihundert Jahre konstant. Erst Caracalla erhöhte die Prämie für Legionäre auf 20.000 Sesterzen und für Prätorianer vermutlich auf 25.000 Sesterzen.[412]

Damit wurde das Entlassungsgeld weit weniger der Geldentwertung angepasst als der Sold, der sich immerhin von Augustus bis Caracalla vervierfacht hatte. Allerdings war die Entlassungsprämie nicht die einzige Geldsumme, die Veteranen bei ihrer Entlassung zum Aufbau einer zivilen Existenz erhielten. Schließlich wurde die Hälfte der kaiserlichen Donative einbehalten, um nach der Entlassung eine Starthilfe zu bilden.[413] Da die Donative jener Teil des Einkommens von Soldaten waren, der im Lauf der Jahrzehnte am weitaus stärksten anstieg, wirkten sie auch

404 Renz, Legal Position, 121; Wolff, Veteranenprivilegien, 48–49.
405 CT 7,20,3.
406 Renz, Legal Position, 116.
407 Suet. Aug. 49,2; Cass. Dio. 54,25,5; 55,23,1–25,6.
408 Renz, Legal Position, 117.
409 Suet. Aug. 49,2; Cass. Dio. 55,23,1.
410 Suet. Aug. 24,2; Vesp. 8,2.
411 Suet. Cal. 44,1.
412 Cass. Dio. 78,24,1.
413 Veg. mil. 2,20.

bezüglich des Geldes, das einem Soldaten bei seiner Entlassung zur Verfügung stand, als Inflationsanpassung.[414]

b. Abfindung durch Land

Auch nach der Einführung der Abfindung durch Geld blieb daneben die Zuteilung von Landlosen bestehen. Es gibt keine Anhaltspunkte, um zu beurteilen, welche Soldaten durch Land und welche durch Geld abgefunden wurden.

Bei den Soldaten scheint die Geldabfindung beliebter gewesen zu sein. Das hängt wohl mit der Art und Weise zusammen, in der die Landzuweisung im frühen Prinzipat durchgeführt wurde. Während in der ausgehenden Republik Veteranen derselben Einheiten offenbar gemeinsam angesiedelt wurden, war das im System des stehenden Heeres der Kaiserzeit nicht mehr möglich. Schließlich wurden in der Kaiserzeit nicht mehr ganze Einheiten, sondern einzelne Soldaten entlassen. Daher kam es in den Gruppen der Anzusiedelnden zur Mischung von Veteranen verschiedenster Einheiten, was ein Grund für die Unzufriedenheit war. Außerdem waren die Veteranen nicht immer mit der Qualität des Bodens zufrieden. Der letzte Grund zur Unzufriedenheit war schließlich die Zuteilung von Land, das weit vom Standort ihrer ehemaligen Einheit und damit ihrer gewohnten Umgebung entfernt war.[415] Vor diesem Hintergrund ist es nicht erstaunlich, dass zahlreiche Veteranen von weit entfernten Landlosen zum Standort ihrer früheren Truppen zurückkehrten.[416]

Der Modus der Landzuteilung änderte sich unter Hadrian. Es wurden nicht mehr ganze Jahrgänge in neuen Kolonien angesiedelt, sondern einzelne Veteranen in bestehenden Gemeinden. Möglicherweise wurde die Errichtung ganzer Veteranenkolonien im Rahmen der severischen Ostpolitik wieder aufgegriffen.[417]

414 Da nur etwa 50% der Soldaten das Ende ihrer Dienstzeit mit ehrenvoller Entlassung erlebten, mussten offenbar nicht alle einbehaltenen Donative tatsächlich ausbezahlt werden. Da die knappe Notiz bei Vegetius (mil 2,20) der einzige Beleg für dieses Einbehalten ist, ist vollkommen unklar, was mit jenen einbehaltenen Donativanteilen geschah, die nicht bei der Entlassung ausbezahlt werden mussten, weil der betreffende Soldat seine ehrenhafte Entlassung nicht erlebte.

415 Tac. ann. 1,17,3; 1,4,27,2.

416 So etwa in Savaria angesiedelte Veteranen der *legio XV Appollinaris*, die nach Carnuntum zurückkehrten, wo die Legion in claudischer Zeit stationiert war. Militärinschriften aus Carnuntum, 207, 224–225, 228.

417 WESCH-KLEIN, Soziale Aspekte, 188.

3. Verleihung von *civitas* und *conubium*

a. Die Militärdiplome

Die so genannten Militärdiplome[418] sind eine offenbar seit Claudius existierende Urkundengattung, durch welche die Verleihung von *civitas* und *conubium* an Soldaten beziehungsweise Veteranen belegt wurde. Diese Vergünstigungen wurden aber nicht durch die Diplome selbst verliehen. Die Verleihung erfolgte durch kaiserliche Konstitutionen, die in Form von Bronzetafeln am Kapitol beziehungsweise seit 89/90 n. Chr. hinter dem Tempel des Divus Augustus publiziert wurden.[419]

Die Militärdiplome sind beglaubigte Abschriften dieser Konstitutionen für einzelne Soldaten. Von den Originaltafeln hat sich nur ein Bruchstück erhalten.[420] Militärdiplome (sowohl praktisch vollständige als auch Bruchstücke) wurden hingegen in großer Zahl gefunden; derzeit sind deutlich über 500 bekannt und publiziert.[421]

Die Militärdiplome waren *diptycha* aus zwei annähernd quadratischen, durch Draht verbundenen Bronzetafeln. Die Innenseiten der Tafeln enthielten die Abschrift der kaiserlichen Konstitution. Eine der Außenseiten trug ebenfalls eine Abschrift der Konstitution, während an den Rändern der anderen Außenseite die Namen von sieben Zeugen verzeichnet waren, die die Echtheit und Richtigkeit der Abschrift betätigten. Diese Siegel verschlossen das *dyptichon* zusammen mit dem Draht, der zur Verbindung der beiden Tafeln diente. Damit konnte die Inschrift an den Innenseiten nur nach Erbrechen der Siegel gelesen werden. Dieses Verfahren diente dazu, die Abschrift vor Verfälschungen zu schützen. Gleichzeitig was das der Grund, aus dem eine der Außenseiten eine Abschrift trug. Man wollte das Lesen des Textes ohne Erbrechen der Siegel ermöglichen.[422]

Die Diplome des ersten Jahrhunderts waren mit einem Gewicht von bis zu einem Kilogramm relativ massiv und von dauerhafter Qualität. Seit Trajan nahmen Größe und Qualität der Urkunden zunehmend ab. Das Gewicht ging auf etwa 200 Gramm in der Mitte des zweiten Jahrhunderts zurück. Aus dieser Entwicklung erklärt sich, dass unter den erhaltenen Diplomen aus dem zweiten und dritten Jahrhundert der Anteil von Bruchstücken weit großer ist als bei den älteren Diplomen. Auch die Abschriften des Konstitutionentextes wurden fehlerhafter.[423]

418 Die Bezeichnung Militärdiplome ist eine Schöpfung des 19. Jahrhunderts, die sich trotz mancher Kritik allgemein durchgesetzt hat.

419 Behrends, Rechtsregelungen, 145–146.

420 CIL V,4056; dazu Wenger, Die Quellen des römischen Rechts, 1953, 70–71 Fn. 43.

421 Die Militärdiplome sind publiziert in folgenden Sammlungen: CIL XVI; CIL XVI Suppl; RMD I–IV. Eine Liste publizierter Militärdiplome enthält auch Lambert/Scheuerbrandt, Militärdiplom, 95–66.

422 Wenger, Quellen, 72–73.

423 Weiß, Militärdiplome, 183.

Die Diplome (mit Ausnahme der für die nationalen *numeri*) folgen einem einheitlichen Aufbau: Der Text beginnt mit dem vollen Namen des Kaisers, der den Soldaten die Vergünstigungen verlieh. Anschließend werden die betroffenen Truppen genannt mit Angabe von Garnisonsprovinz und Kommandant. Es folgt die Voraussetzung für den Erhalt der Privilegien: Die Ableistung der vorgeschriebenen Dienstzeit und/oder die *missio honesta*. Darauf werden die verliehenen Privilegien ausdrücklich genannt.

In Militärdiplomen konnten drei Privilegien genannt werden, die nicht immer gemeinsam vergeben wurden:

(1) Das Bürgerrecht für den Soldaten selbst.

(2) Das *conubium* mit einer peregrinen Frau. Im Falle der Militärdiplome wurde den Partnerinnen der Soldaten niemals das römische Bürgerrecht verliehen. Auch das *conubium* wurde nicht ihnen, sondern stets dem Soldaten verliehen. Daraus lassen sich meines Erachtens folgende Schlüsse über die Konstruktion dieser Verleihungen ableiten:[424] Der Soldat konnte zwar grundsätzlich aufgrund des neu verliehenen Bürgerechtes ein *iustum matrimonium* eingehen, wenn er aber in einem *iustum matrimonium* nicht eine Römerin, sondern eine peregrine Frau heiraten wollte, benötigte er dafür ein *conubium*. Hingegen musste die peregrine Frau selbst kein *conubium* haben, wenn ihr Mann römischer Bürger war und das *conubium* für das Eingehen eines *iustum matrimonium* mit einer Peregrinen erhalten hatte. Es war also nicht nötig, dass beide Partner das *conubium* hatten.[425]

Das *conubium*, das den Soldaten verliehen wurde, war auf das Eingehen einer einzigen Ehe beschränkt. Das Formular der Militärdiplome unterschied hier zwischen zwei Fällen: Einerseits könnten Soldaten, die bereits in einer Partnerschaft lebten, ihre Partnerin nunmehr zur ihrer rechtmäßigen Ehefrau nach *ius civile* machen. In solchen Fällen ermöglichte das verliehene *conubium* die Umwandlung eines Soldatenkonkubinats in ein *iustum matrimonium*. Andererseits konnten partnerlose Soldaten nach der Verleihung mit einer beliebigen Frau ein *iustum matrimonium* eingehen.[426] In der ersten Fallkonstellation war also bereits bei der Verleihung klar, mit welcher Frau das verliehene *conubium* die Ehe ermöglicht, während es sich im zweiten Fall nicht auf eine bestimmte Frau bezog. Beiden Fällen war

424 MIRKOVIC, Conubium, befasst sich nicht mit der rechtlichen Konstruktion des *conubium*. Die Überlegungen von MANN, Note on Conubium, können nicht überzeugen, da sie auf einer Missinterpretation von Gai. 1,67 beruhen. Mann berücksichtigt nämlich nicht, dass sich Gaius in der genannten Stelle mit solchen Sonderfällen befasst, in denen ein römischer Bürger ohne *conubium* eine Nichtrömerin geheiratet hatte. Gaius beschreibt hier also eine grundlegend andere Situation als die der Soldaten, die das *conubium* erhalten hatten.

425 Genau das wird allerdings oft als allgemeine Regel angenommen. So etwa KASER, Privatrecht I, 315; SCHIEMANN, Conubium.

426 LAMBERT/SCHEUERBRANDT, Militärdiplom, 39.

jedoch gemeinsam, dass das verliehene *conubium* nur eine einzige Eheschließung ermöglichte.

(3) Das Bürgerrecht für die Kinder der Soldaten. Diese Bürgerrechtsverleihungen bezogen sich nur auf Kinder, die bei der Vergabe der Privilegien bereits geboren waren. Eine Verleihung an spätere eheliche Kinder war nicht nötig, da diese, wenn sie ehelich waren, dem *status* ihres Vaters folgten. Wenn der Vater durch kaiserliche Konstitution und Militärdiplom das Bürgerrecht erhalten hatte, waren auch seine legitimen Kinder römische Bürger.[427] Daher waren nach der Privilegienvergabe an den Vater geborene eheliche Soldatenkinder auch nicht betroffen, als die eigenen Bürgerrechtsverleihungen an Soldatenkinder im Jahr 140 eingestellt. wurden.

Auch wenn die ehrenhafte Entlassung Voraussetzung für den Erhalt der Privilegien sein konnte, waren die Diplome in der Regel keine Entlassungsurkunden.[428] Landzuweisungen konnten im Text der Diplome genannt werden, doch die den Diplomen zugrunde liegenden kaiserlichen Konstitutionen waren – von Ausnahmen abgesehen[429] – nicht der Rechtsgrund der Landzuweisungen.

Den Abschluss der Diplome bildeten schließlich die Datierung und der Name des privilegierten Soldaten mit nochmaliger Benennung seiner Truppe und seines Kommandanten. In der Konstitution selbst waren natürlich alle privilegierten Soldaten genannt. Darauf folgte nur noch der Vermerk, dass es sich um eine geprüfte Abschrift der in Rom angebrachten Originaltafel handelt. Die genaue Stelle, an dem die Originaltafel am Publikationsort in Rom zu finden war, konnte recht detailliert bezeichnet sein.[430]

Das älteste erhaltene Militärdiplom, ein Flottendiplom von 52, lautet beispielsweise folgendermaßen:

CIL XVI,1

Ti(berius) Claudius Caesar Augustus Germanicus, pontifex maxim(us), trib(unicia) potestate XII, imper(ator) XXVII, pater patriae, censor, co(n)s(ul) V

Trierarchis et remigibus, qui militaverunt in classe, quae est Miseni, sub Ti(berio) Iulio Augusti lib(erto) Optato, et sunt dimissi honesta missione, quorum nomina subscripta sunt, ipsis liberis posterisque eorum civitatem dedit et conubium cum uxoribus, quas tunc habuissent, cum est civitas iis da-

427 LAMBERT/SCHEUERBRANDT, Militärdiplom, 40.

428 Es gab auch Entlassungurkunden, *tabulae honestae missionis*, die sich jedoch nur in viel geringere Zahl als die Militärdiplome erhalten haben. Eine Auflistung der publizierten Entlassungsurkunden enthält LAMBERT/SCHEUERBRANDT, Militärdiplom, 59; siehe dazu außerdem SPEIDEL, Entlassungsurkunden.

429 CIL XVI,25.

430 LINK, Veteranen, 9–11.

ta, aut, siqui caelibes essent, cum iis, quas postea duxissent dumtaxat singulis singulas.
a.d. III idus Decembr. Fausto Cornelio Sulla Felice, L. Salvidieno Rufo Salviano cos.
Gregali Spartico Diuzeni f., Dipscurto Besso.
Descriptum et recognitum ex tabula aenea, quae fixa est Romae in Capitlio aedis Fidei populi Romani parte dexteriore.
Tiberius Claudius Nero, Augustus Germanicus, Oberpontifex, die tribunizische Gewalt zum 12. Mal, Imperator zum 27. Mal, Vater des Vaterlandes, Zensor, Konsul zum 5. Mal gab den Kommandanten und Ruderern, die in der Flotte dienten, die in Misenum stationiert ist, unter dem kaiserlichen Freigelassenen Tiberius Julius Optatus, und ehrenvoll entlassen wurden, deren Namen angeführt sind, das Bürgerrecht für sie selbst und ihre Kinder und Nachfahren, und das conubium mit den Ehefrauen, die sie hatten, als ihnen das Bürgerrecht verliehen wurde, oder, wenn sie unverheiratet waren, mit denen, die sie nachher heirateten, beschränkt auf eine Frau für einen Mann.
Am 11. Dezember im Konsulat des Faustus Cornelius Sulla Felix und des Lucius Salvidienus Rufus Salvianus.
An den einfachen Soldaten Sparticus Dipscurtus Besso, Sohn des Diuzenus.
Abgeschrieben und geprüft von einer Bonzetafel, die in Rom am Kapitol befestigt ist, auf der rechten Seite des Tempels der Fides des römischen Volkes.

Nicht völlig geklärt ist bis heute, ob jeder Soldat der betroffenen Truppenkörper ein Militärdiplom erhielt. Die Forschung der letzten Jahrzehnte neigt aber der Ansicht zu, dass das nicht der Fall war. Vielmehr nehmen Roxan und Link an, dass die bronzenen Diplome gewissermaßen die „Luxusausführung" der Urkunden waren, die Soldaten eigens anfordern und vermutlich selbst bezahlen mussten.[431] Möglicherweise gab es billigere Ausführungen auf Papyrus oder Wachstafeln, doch das muss eine reine Vermutung bleiben, da sich keine derartigen Urkunden erhalten haben. Diese Annahme kann möglicherweise gewisse Ungereimtheiten in der Verteilung der erhaltenen Diplome erklären. So haben sich etwa deutlich mehr Diplome von Auxiliarreitern erhalten, als von Fußsoldaten der Hilfstruppen, obwohl es in den Auxilien etwa doppelt so viele Infanteristen wie Kavalleristen gab.

431 ROXAN, Changes in Formula 266; LINK, Veteranen, 138–139; anders: BEHRENDS, Rechtsregelungen, 149, der das Vorhandensein von Veteranen *sine aere* aus an sich berechtigten Truppenkörpern ausschließlich durch Verzögerungen zwischen Erlaß der Konstitution und der Ausstellung der Diplome erklärt.

Das könnte daran liegen, dass sich die etwas besser bezahlten Reiter eher die metallenen „Luxusausführungen" leisten konnten.[432]

Überhaupt gehört es zu den schwierigsten Fragen im Zusammenhang mit den Militärdiplomen, ob die Fundstatistik, also die archäologische Verteilung der Diplomfunde, repräsentativ für deren Vergabe ist.[433] Link geht etwa davon aus, dass aus der Fundstatistik eins-zu-eins Rückschlüsse auf die Vergabe von Diplomen möglich sind. Seiner Ansicht nach sind alle anderen Herangehensweisen ausgesprochen willkürlich.[434]

Bezüglich der Repräsentativität der Fundstatistik sind drei Aspekte zu bedenken: Erstens die zeitliche Verteilung der Diplome, zweitens deren örtliche Verteilung und drittens die Verteilung auf die verschiedenen Einheiten.

In der letzten Kategorie ist auch die zahlenmäßige Stärke der einzelnen Truppengattungen zu beachten. Dieser Aspekt wurde in der bisherigen Literatur nicht herausgearbeitet. Da die Auxilien die zahlenmäßig weitaus stärkste Truppe waren, ist bei ihnen auch mit den wenigsten Lücken in der Dokumentation zu rechnen. Bei den anderen, deutlich kleineren Truppenkörpern wie Flotten, Prätorianern, Stadtkohorten etc sind Lücken wahrscheinlicher, wenn man davon ausgeht, dass jedes Diplom grundsätzlich dieselbe Chance hatte erhalten zu bleiben. Damit ist gerade bei kleineren Einheiten schwer zu beurteilen, ob eine Lücke in der Überlieferung bedeutet, dass keine Diplome vergeben wurden (wie Link durchweg annimmt[435]), oder bloß darauf zurückzuführen sind, dass sich keine Diplome erhalten haben.

Ein wichtiges Argument gegen die leichtfertige Annahme einer Einstellung der Diplomvergabe für jeden Zeitraum, aus dem keine Diplome überliefert sind, bringt Phang: Die Einstellung einer bereits geübten Privilegierungspraxis war sicher eine unpopuläre Entscheidung, die sich ein Kaiser nicht immer leisten konnte.[436]

Meines Erachtens bietet die Fundstatistik den wichtigsten Anhaltspunkt für den generellen Umfang der Diplomvergabe. Je detaillierter die Schlüsse sind, die man aus der Fundstatistik zu ziehen versucht, desto unsicherer werden sie. Gerade bezüglich der Diplomvergabe scheint es mir sinnvoller, unklare Fragen offen zu lassen, als um jeden Preis eine Lösung zu konstruieren, wie Link das regelmäßig tut, da durchaus damit zu rechnen ist, dass auch in Zukunft noch weitere Diplome gefunden werden, die manche Wissenslücken schließen können.

432 ROXAN, Changes in Formula, 265–266.
433 Siehe dazu auch KELLNER, Rückschlüsse.
434 LINK, Veteranen, 6.
435 LINK, Veteranen, 3.
436 PHANG, Marriage, 28.

b. Legionäre

Da das Bürgerrecht Voraussetzung für den Dienst in den Legionen war, wurde es Soldaten allenfalls beim Eintritt in die Legion verliehen. Bürgerrechtsverleihungen in der Dienstzeit oder bei der Entlassung kamen hingegen nur in ausgesprochenen Sonderfällen vor. Den wichtigsten dieser Fälle bildeten die *legio I adiutrix* und die *legio II adiutrix*, die in den Wirren um das erste Dreikaiserjahr aus Flottensoldaten ohne Bürgerrecht aufgestellt worden waren. Den Angehörigen dieser Legionen wurde das Bürgerrecht erst mit der Entlassung durch in Militärdiplomen dokumentierten Konstitutionen verliehen. Abgesehen von diesen Sonderfällen sind keine Militärdiplome für Legionäre überliefert.[437]

Während für Bürgerrechtsverleihungen an Legionäre schlichtweg kein Bedarf bestand, ist die Verleihung des *conubium* auch an Legionäre grundsätzlich vorstellbar. Immerhin konnten auch Legionsveteranen an einem *iustum matrimonium* mit einer peregrinen Frau interessiert sein. In der Regierungszeit des Domitian wurden Legionsveteranen vermutlich tatsächlich kurzfristig das *conubium* verliehen.[438] Abgesehen von den ehemaligen Flottensoldaten, die neben dem Bürgerrecht auch das *conubium* erhielten, gibt aus der Regierungszeit anderer Kaiser keine Hinweise auf die Vergabe des *conubium* an Legionäre. Die wahrscheinlichste Form der Vergabe wären auch für Legionäre kaiserliche Konstitutionen und darauf beruhende Militärdiplome gewesen. Immerhin wurde das *conubium* in genau dieser Weise an andere Bürgertruppen, nämlich Prätorianer und Stadtsoldaten, verliehen. Entsprechende Militärdiplome für „normale" Legionäre sind nicht erhalten. Die moderne Forschung geht vor diesem Hintergrund davon aus, dass die Legionäre regelmäßig kein *conubium* erhielten.[439]

Behrends gibt eine überzeugende Erklärung dafür: Wenn ein peregriner Soldat bei seiner Entlassung das Bürgerrecht ohne *conubium* erhalten hätte, wäre das eine Einschränkung seiner Ehemöglichkeiten gewesen. Ohne Bürgerrecht hätte er peregrine Frauen heiraten können, mit Bürgerrecht aber ohne *conubium* wäre ihm das verwehrt geblieben. Legionäre hingegen, die bereits römische Bürger waren, konnten unabhängig von ihrer Entlassung keine peregrinen Frauen heiraten. Für den peregrinen Veteranen war das *conubium* ein notwendiger Ausgleich zur Bürgerrechtsverleihung, da dieses Privileg sonst eine massive Einschränkung bedeutet hätte. Bei den Legionären war dieser Ausgleich aber nicht nötig, da ihnen im Zuge

437 Behrends, Rechtsregelungen, 117; Link, Veteranen, 19–21, Kromayer/Veith, Heerwesen, 501–502.

438 CIL XVI,12; siehe S. 115 zu diesen Konstitutionen Dominitians.

439 Gai. 1,57 ist zu unbestimmt, um genaue Folgerungen zuzulassen. Der Schluss liegt aber nahe, dass Legionsveteranen zu jenen gehörten, die kein *conubium* erhielten. Siehe hierzu Behrends, Rechtsregelungen, 117; Mirkovic, Conubium, 170–171.

der Entlassung keine Möglichkeiten genommen wurden, die sie ansonsten gehabt hätten.[440]

Die zu den Legionären gemachten Ausführungen gelten gleichermaßen für jene Auxiliareinheiten, die sich durchwegs aus römischen Bürgern zusammensetzten. Da sie das Bürgerrecht bereits besaßen, waren die Angehörigen dieser Truppenteile bei ihrer *missio* bezüglich *civitas* und *conubium* in derselben Situation wie Legionäre.

c. *Auxilien*

Die Auxiliartruppen des Prinzipats sind der Anwendungsfall schlechthin für die Vergabe von *civitas* und *conubium* durch Konstitutionen und darauf beruhende Militärdiplome. Die Auxiliardiplome bilden gewissermaßen das Grundmodell, als dessen Varianten die Diplome für andere Truppengattungen aufgefasst werden können. Das älteste erhaltene Auxiliardiplom wurde im Jahr 54[441] ausgestellt, das jüngste 203.[442]

Eine Verleihung des Bürgerrechts an peregrine Hilfstruppen als Auszeichnung für besondere Tapferkeit gab es schon in der späten Republik. So wurde etwa Pompeius durch eine *lex Gellia et Cornelia*[443] ermächtigt, seine Hilfstruppen mit dem Bürgerrecht auszuzeichnen. Cicero sieht in dieser Möglichkeit einen zentralen Anreiz, um Peregrine für den Dienst in der römischen Armee zu gewinnen.[444]

Die Bürgerrechtsverleihungen der späten Republik waren aber nicht unbedingt an die Entlassung der Soldaten geknüpft, vielmehr waren sie grundsätzlich eine Auszeichnung für weiterdienende Soldaten.[445]

Sueton berichtet, dass Augustus mit Bürgerrechtsverleihungen äußerst sparsam war.[446] Trotzdem ist davon auszugehen, dass auch Augustus das Bürgerrecht an peregrine Soldaten vergab.[447] In welcher Form allfällige militärische Bürgerrechtsverleihungen durch Augustus vor sich gingen, muss meines Erachtens offen bleiben. Eine Vergabe durch Konstitutionen in Verbindung mit Militärdiplomen ist jedenfalls sehr unwahrscheinlich, da diese Form der Bürgerrechtsverleihung offenbar erst von Claudius eingeführt wurde. Vermutlich geht auch die regelmäßige

440 BEHRENDS, Rechtsregelungen, 117–119.

441 CIL XVI,2.

442 ECK/WOLFF, Ein Auxiliardiplom.

443 MÜNZER, Cornelius.

444 Cic. Balb. 22,14,32.

445 WOLFF, Veteranenprivilegien, 55.

446 Suet. Aug. 40,3.

447 BEHRENDS, Rechtsregelungen, 137–139, leitet das aus Suet. Cal. 38 ab. Er bezieht die hier genanntn Bürgerrechtsverleihungen durch Caesar und Ausgustus auf Soldaten. NESSELHAUF, CIL XVI, 148, ist hingegen de Ansicht, dass Augustus überhaupt keine militärischen Bürgerrechtsverleihungen vorgenommen hat. Siehe dazu außerdem BIRLEY, Before Diplomas.

Vergabe von *civitas* und *conubium* an alle Auxiliarsoldaten auf die Reorganisationen dieses Kaisers zurück. Immerhin war gerade die Regierungszeit des Claudius eine Phase, in der die Auxilien zu einem regulären, in die Organisation voll integrierten Bestandteil der römischen Armee wurden.

Auch in dieser Phase war die Privilegienvergabe durch Diplome nicht mit der Entlassung gekoppelt. Voraussetzung dafür war nämlich die Ableistung der vorgeschriebenen Dienstzeit von 25 Jahren (die nicht notwendigerweise die Entlassung mit sich brachte) und eben nicht die *honesta missio*. Ab dem Ende des ersten Jahrhunderts wurden Diplome allerdings zunehmend aufgrund der ehrenvollen Entlassung vergeben.[448] Neben dieser regelmäßigen Verleihung am Ende der Dienstzeit gab es in der Kaiserzeit weiterhin Bürgerrechtsverleihungen an einzelne Soldaten aufgrund besonderer militärischer Leistungen. Diese waren nicht an die Ableistung der vollständigen Dienstzeit gebunden und fallen daher nicht in den Bereich der Veteranenprivilegien. Die moderne Forschung hat für diese Form der Bürgerrechtsvergabe den Begriff „special grants" geprägt.[449]

Vom Beginn der Diplomvergabe bis zum Jahr 140 wurde den Auxiliarsoldaten durch die kaiserlichen Konstitutionen das Bürgerrecht für sie selbst und ihre bereits geborenen Nachkommen verliehen, sowie das *conubium* hinsichtlich einer peregrinen Frau. Unter Antoninus Pius wurde das insofern eingeschränkt, als das Bürgerrecht nicht mehr an die Nachkommen der Soldaten vergeben wurde.[450] Die naheliegendste Erklärung für diese Maßnahme ist noch immer, dass man sich die Nachkommen von Auxiliarsoldaten als Rekruten für den Dienst in den Hilfstruppen erhalten wollte. Wenn sie das Bürgerrecht bereits durch ihre Väter erhalten hatten, bildete die Möglichkeit, durch den Militärdienst römischer Bürger zu werden, keinen Anreiz, in Auxiliareinheiten einzutreten.[451]

448 Daraus erklärt sich, dass ab dieser Zeit die Konstitutionen nicht mehr an Soldaten gerichtet sind „*qui militant*", sondern „*qui militaverunt*".

449 LINK, Veteranen, 12–13. Die von DOMASZEWSKI, Rangordnung, 75 Fn. 2, und DUSANIC, Pre-Severan Diplomata, vertretene Ansicht, dass Militärdiplome überhaupt nur aufgrund besonderer militärischer Verdienste vergeben wurden, hat sich nicht durchgesetzt.

450 Speziell zu dieser Änderung: ROXAN, Changes in Formula, 265–292.

451 SANDER, Recht des Soldaten, 198, WATSON, Roman Soldier, 137; FRIEDL, Konkubinat, 261 Fn. 198, der auch eine Zusammenstellung der anderen Ansätze bringt. Ebenfalls anders LINK, Veteranen, 138–141; PHANG, Marriage, 383–387. Link und Phang bringen durchdachte Gedanken gegen die traditionelle Auffassung, können aber keine überzeugende neue Lösung geben. Besonders Links Ansatz, in dem er nicht nur die Formularänderung, sondern auch den Diplomrückgang nach 168 zu erklären versucht, wirkt ausgesprochen konstruiert. Er versucht einen Zusammenhang zwischen der Basis für die Befreiung von Liturgien und der Diplomvergabe herzustellen. Schon seine Überlegungen zur Befreiung von Liturgien sind sehr komplexe, wenn auch teilweise überzeugende Hypothesen (dazu S. 112ff.). Seine Versuche, einen Zusammenhang zwischen den beiden Bereichen herzustellen, sind noch komplexer und noch hypotheti-

Für die Zeit nach 168 nimmt die Zahl der erhaltenen Auxiliardiplome rapid ab, obwohl weiter Diplome ausgestellt wurden.[452] Da das letzte Diplom aus dem Jahr 203 stammt, ist anzunehmen, dass die Diplomvergabe an Auxiliarsoldaten in Folge der *constitutio Antoniniana* endete.

d. Flottensoldaten

Für die Diplomvergabe an die Flotten sind zwei Kategorien von Flotten zu unterscheiden: Die beiden so genannten prätorischen Flotten, die in Italien, und zwar in Misenum und Ravenna, stationiert waren, und die in den Provinzen stationierten Flotten.

Das älteste Flottendiplom stammt aus dem Jahr 52 und ist an einen Angehörigen der Flotte von Misenum gerichtet.[453] Das Diplom folgt dem ursprünglichen Formular für Auxiliarsoldaten, verleiht also das Bürgerrecht an den Soldaten und seine Nachfahren sowie das *conubium*. Der einzige Unterschied besteht darin, dass nicht die Ableistung der vorgeschriebenen Dienstjahre, sondern die ehrenhafte Entlassung Voraussetzung für den Erhalt der Privilegien war.

Das erste erhaltene Diplom für einen Angehörigen einer provinzialen Flotte stammt aus dem Jahr 79.[454] In diesem werden ebenfalls alle drei möglichen Vergünstigungen verliehen, wobei Dienstzeit und Entlassung als Voraussetzung für deren Erhalt genannt werden. Spätestens seit 99 wurden die Privilegien an provinziale Flotten in denselben Konstitutionen verliehen, wie die an in derselben Provinz stationierte Auxiliareinheiten.[455] Seitdem entwickelte sich die Privilegienvergabe an Provinzflotten gemeinsam mit der an Auxilien. Insbesondere wurde auch bei den Soldaten der Provinzflotten ab dem Jahr 140 die Verleihung des Bürgerrechts an ihre Nachfahren eingestellt.[456]

Die prätorischen Flotten wurden hingegen weiterhin in eigenen Konstitutionen bedacht. Diese folgten auch nach 140 dem ursprünglichen Formular und verliehen weiterhin das Bürgerrecht an den Soldaten und seine Nachfahren. Allerdings wurde 156 auch die Privilegierung der prätorischen Flotten eingeschränkt, wenn auch in einer anderen Weise. Zwar erhielten ihre Nachkommen weiterhin das Bürgerrecht, doch galt das nicht mehr unterschiedslos für alle Nachfahren, sondern nur für sol-

scher und finden wenig Deckung in den Quellen, weshalb sie meines Erachtens nicht überzeugen können.

452 Eine wirklich überzeugende Begründung für diesen Rückgang konnte bislang nicht gefunden werden. Zum Erklärungsversuch von Link gilt das oben Ausgeführte.

453 CIL XVI,1.

454 CIL XVI,26.

455 CIL XVI,45.

456 Link, Veteranen, 21.

che, die einer *concessa consuetudo* entstammten. Vermutlich handelte es sich dabei um eine Art einer dauerhaften, nichtehelichen Beziehung.[457]

Nicht vollkommen geklärt bleibt, warum auch nach der *constitutio Antoniniana* noch Diplome an Flottensoldaten ausgestellt wurden, in denen die Verleihung von Bürgerrecht und *conubium* dokumentiert wurden.[458] Meines Erachtens liegt die Erklärung in der Rekrutierung von Freigelassenen für die Flotten. Freigelassene, die bei ihrer Freilassung nur das latinische Bürgerrecht erhalten hatten, waren von der *constitutio Antoniniana* nicht erfasst. Daher konnten sie weiterhin ein Interesse daran haben, mit ihrer Entlassung das römische Bürgerrecht zu erhalten.

Umstritten ist in der Forschung die Frage, ob die Diplomvergabe an Flottensoldaten regelmäßig erfolgte. Link bestreitet eine Regelmäßigkeit grundsätzlich und will sie nur für die Zeit von Hadrian bis zur Mitte des zweiten Jahrhunderts annehmen. Alle anderen Diplome will er aus einer spezifischen Sondersituation heraus erklären.[459] Das trifft unbestritten für die ehemaligen Flottensoldaten in der *legio I adiutrix* und der *legio II adiutrix* zu, doch schon für das allererste Flottendiplom aus claudianischer Zeit hat Link keine überzeugende Erklärung. Auch die ältesten Diplome an Provinzflotten aus der Regierungszeit des Titus kann er nicht durch eine auffällige Sondersituation hinreichend erklären. Meines Erachtens ist es daher plausibler, in Analogie zu den Auxilien von einer grundsätzlich regelmäßigen Diplomvergabe auch an Flottensoldaten auszugehen. Diese hat ebenfalls unter Claudius begonnen, doch zumindest bis in die Mitte des dritten Jahrhunderts angedauert, möglicherweise wegen der Freigelassenen latinischen Rechts.

e. *Prätorianer und Stadtsoldaten*

Für den Dienst in den Prätorianer- und städtischen Kohorten war das römische Bürgerrecht genau wie bei den Legionen Voraussetzung.[460] Vor diesem Hintergrund scheint es erstaunlich, dass auch diese Truppen Militärdiplome erhielten. Tatsächlich wurde den Prätorianern und Stadtsoldaten in den Konstitutionen nicht das Bürgerrecht (das sie ohnehin besaßen) verliehen, sondern nur das *conubium*. Beide Truppen wurden regelmäßig (wenn auch nicht ausschließlich) in denselben Konstitutionen privilegiert.

457 MIRKOVIC, Conubium, 182; die bei ihr in Fn. 44 angeführten Sichtweisen, dass es sich bei der *concessa consuetudo* um ein *matrimonium iustum* oder ein *matrimonium ex iure gentium* handelte, überzeugen angesichts des allgemeinen Heiratsverbotes nicht.

458 Zwei Diplome an Flottensoldaten aus der Mitte des dritten Jahrhunderts sind erhalten: CIL XVI,152 und XVI,154.

459 LINK, Veteranen, 19–36.

460 Gai. 1,12b.

Die ältesten Diplome für Prätorianer stammen vom Beginn der Regierungszeit Vespasians.[461] Arnaud-Linet und Link erklären die Diplomvergabe durch die besondere Situation, die auf das Dreikaiserjahr 69 folgte:[462] Die ehemaligen Prätorianer des Vitellius wollten in die Garde Vespasians aufgenommen werden. Dieser befand sich in einem doppelten Dilemma: Einerseits konnte er es sich finanziell nicht leisten und hatte wohl auch sonst kein Interesse daran, die Prätorianer seines Gegners in seine Dienste zu nehmen. Andererseits hätte die Ablehnung ihrer Wünsche die Gefahr erneuter bewaffneter Auseinandersetzungen mit sich gebracht. Vespasian versuchte die brisante Situation durch einen Kompromiss zu beruhigen. Er nahm die vitellianischen Prätorianer pro forma in seine Garde auf, entließ sie aber vorzeitig wieder (und zwar nicht alle auf einmal, sondern sukzessive). Es waren keine herkömmlichen *missiones honestae*, sondern vorzeitige Entlassungen, um sich der Vitellianer zu entledigen. Dies wurde ihnen dadurch „versüßt", dass sie durch Konstitutionen und Militärdiplome das *conubium* erhielten, was bis zu diesem Zeitpunkt bei den Prätorianern ebenso wenig geschehen war wie bei Legionären.[463]

Der Text der Diplome bestätigt das insofern, als weder von einer ehrenhaften Entlassung noch von einer Ableistung der vollen Dienstzeit die Rede ist. Die Prätorianer des Vitellius waren vielfach ehemalige Legionäre und Auxiliarsoldaten, die nach der Entlassung allenfalls in die Provinzen zurückkehrten. Dort war die Möglichkeit, eine peregrine Frau zu heiraten, sicher eine sinnvolle Vergünstigung.

Die regelmäßige Privilegierung von Prätorianern und Stadtsoldaten begann spätestens unter Antoninus Pius.[464] Seit Septimius Severus wurden Prätorianer und städtische Kohorten nicht mehr in gemeinsamen Konstitutionen privilegiert. Der Text unterschied sich nunmehr auch in kleinen Details.[465] Den Prätorianern bestätigte der Kaiser, dass sie „*pie et fortiter*" gekämpft hatten, während in den Diplomen für die Stadtsoldaten die Formulierung „*fortiter et pie*" gebraucht wurde.[466] Das letzte erhaltene Diplom für Stadtsoldaten stammt aus dem dritten Jahrhun-

461 RMD 1; CIL XVI,18; XVI,21; XVI,25.

462 Arnaud-Linet, Remarques, 308; Link, Veteranen, 38–44.

463 Tac. hist. 4,46.

464 CIL XVI,95. Ein einzelnes Diplom, das sich nur auf die Prätorianer bezieht, existiert schon aus der Zeit Hadrians: CIL XVI, 81.

465 Link, Veteranen, 44–47, vermutet, dass die Privilegierung der Stadtsoldaten unter Septimius Severus aus ähnlichen Gründen geschah wie die Entlassung der vitellianischen Prätorianer unter Vespasian. In diesem Fall sind die Indizien weit nicht so überzeugend (es gibt nichts dem Tacitus-Bericht Vergleichbares) und seine Argumentation hat eher den Charakter eines bemühten Parallelismus.

466 CIL XVI,135; XVI,137.

dert[467], während Diplome für Prätorianer bis zum Beginn des vierten Jahrhunderts überliefert sind.[468]

Manche Forscher vermuten, dass das in den Diplomen verliehene *conubium* nach der *constitutio Antoniniana* zu einer inhaltsleeren Tradition verkam. Das stimmt insofern nicht, als auch nach der *constitutio Antoniniana* das *conubium* nötig war, um Freigelassene latinischen Rechts zu heiraten, denen diese Konstitution nicht das Bürgerrecht verliehen hatte.[469] Angesichts der Tatsache, dass es in Rom vermutlich mehr Freigelassene gab als in den anderen Teilen des Reiches, war diese Möglichkeit besonders für die hauptstädtischen Truppen von Bedeutung.[470]

f. Städtische Kohorten außerhalb Roms

Für einen Angehörigen einer städtischen Kohorte außerhalb Roms ist nur ein Diplom vollständig erhalten. Dieses Diplom, dessen Empfänger ein Stadtsoldat aus Lugdunum (Lyon) war, stammt aus dem Jahr 192.[471] Das Formular folgt jenem für die städtischen Kohorten in Rom selbst. Angesichts des geringen Materials sind keine Aussagen über die Regelmäßigkeit der Vergabe möglich. Eine Gleichbehandlung mit den städtischen Kohorten in Rom scheint aber zumindest möglich.

g. Vigiles[472]

Auch der Dienst in den stadtrömischen *vigiles*, die sich typischerweise aus Freigelassenen zusammensetzten, bot die Möglichkeit, das römische Bürgerrecht zu erwerben. Freigelassene, die nur das latinische Bürgerrecht hatten, erhielten nach sechs, später drei Jahren Dienst *inter vigiles* das römische Bürgerrecht.[473] Im Gegensatz zu anderen Truppenkörpern erhielten sie das Bürgerrecht also mitten in ihrer Dienstzeit, nicht bei der Entlassung oder nach der Ableistung der vorgeschriebenen *stipendia*. Diese Bürgerrechtsverleihungen unterschieden sich damit grundlegend von Veteranenprivilegien und ergingen auch in einer ganz anderen Rechtsform: Der Erhalt des Bürgerrechts geschah nicht durch kaiserliche Konstitu-

467 CIL XVI,140.

468 RMD 306.

469 KASER, Privatrecht I, 282.

470 Gai. 1,57 schreibt ausdrücklich, dass das *conubium* Veteranen nicht nur die Ehe mit peregrinen, sondern auch mit latinischen Frauen ermöglichte.

471 CIL XVI,133.

472 Die Bürgerrechtsverleihungen an die *vigiles* werden wegen des sachlichen Zusammenhanges im Kapitel über die Veteranenprivilegien behandelt, obwohl es sich bei diesen Verleihungen nicht um Veteranenprivilegien handelt, da sie während der Dienstzeit erfolgten.

473 Gai. 1,12b. Gaius macht keine Angaben darüber, wann die Frist auf drei Jahre verkürzt wurde.

tionen und Diplome, sondern aufgrund einer *lex Visella*[474] aus dem Jahr 24 (modifiziert durch ein *senatus consultum* aus dem späteren ersten Jahrhundert).[475]

h. Numeri

Für die so genannten nationalen *numeri* sind nur vier Diplome für Bogenschützen aus Palmyra aus den Jahren 120[476] und 126[477] erhalten, sowie ein äußerst unvollständiges für maurische Reiter.[478] Das Formular dieser Diplome unterscheidet sich vollkommen von den anderen Diplomen. Es ist ausgesprochen knapp und enthält nur eine Bürgerrechtsverleihung für die Soldaten. Weder wird ihnen das *conubium*, noch ihren Kindern das Bürgerrecht verliehen.

> RMD 17
>
> *Imp. Caesar, divi Traiani Parthici f., divi Nervae nepos, Traianus Hadrianus Aug(ustus), pontifex maximus, tribunic(ia) potestat(e) IIII, co(n)s(ul) III, Palmyrensis sagittariis ex Syria, qui sunt in Dacia superiore sub Iulio Severo, civitatem dedit, iis quorum nomina subscripta sunt.*
>
> Der Kaiser Trajan Hadrian, Sohn des vergöttlichten Trajan Parthicus, Neffe des vergöttlichten Nerva, Oberpontifex, die tribunizische Gewalt zum 4. Mal, Konsul zum 3. Mal gab den palmyrensischen Bogenschützen aus Syrien, die in Dakien unter Julius Severus stehen, das Bürgerrecht; jenen, deren Namen unten angeführt sind.

Auffällig ist, dass weder die *missio honesta* noch die Ableistung einer bestimmten Anzahl von Dienstjahren als Voraussetzung für die Verleihung des Bürgerrechts genannt sind. Damit erinnert das Formular an die so genannten „special grants". Darum kann es sich aber nicht handeln, da keine herausragenden militärischen Leistungen als Grund für die Verleihung genannt werden. Auffällig ist weiters, dass keine Namen von Truppenkommandeuren genannt werden.

Die Interpretation der Diplome für die *numeri* ist aufgrund ihrer geringen Anzahl schwierig. Es ist wahrscheinlich, dass die *numeri* nicht regelmäßig privilegiert wurden. Die plausibelste Erklärung der Diplome für die palmyrenischen Bogenschützen ist wohl die Hypothese von Link: Er geht davon aus, dass sich die Diplome nicht an die einfachen Bogenschützen richteten, sondern an deren einheimische Kommandanten. Das würde erklären, warum im Text der Konstitution keine Namen von Truppenkommandeuren genannt werden. Link vermutet, dass den Kommandanten bei der Aufstellung der Einheiten oder bald danach das Bürgerrecht

474 Zu diesem Gesetz siehe LEONHARD/WEISS, Lex Visella.
475 LIEB, Stadtrömische Truppen, 337–338.
476 CIL XVI,68; RMD 17.
477 RMD 27, 28.
478 CIL XVI,114.

verliehen wurde. Daraus erklärt sich, dass weder *honesta missio* noch abgeleistete Dienstjahre genannt werden. Die Motivation für diese Bürgerrechtsverleihungen war vermutlich der Wunsch, die Kommandanten der palmyrenischen Einheiten stärker an das Imperium und den Kaiser zu binden.[479]

Inwieweit es Bürgerrechtsverleihungen an andere Einheiten nationaler *numeri* gab, muss offen bleiben.

i. Equites singulares Augusti

Die ausschließliche Konzentration der Diplome für *equites singulares Augusti* auf die Zeit des Alexander Severus lässt vermuten, dass die Gardereiter nur in seiner Regierungszeit Militärdiplome erhielten. Darin liegt keine Überbewertung der Fundstatistik, denn es sind überhaupt keine Diplome für *equites singulares Augusti* aus der Regierungszeit anderer Kaiser erhalten. Somit begann die Diplomvergabe an die *equites singulares* vermutlich über ein Jahrhundert nach der an alle anderen Truppengattungen. Am wahrscheinlichsten bleibt, dass die Diplomvergabe an die Gardereiter das Ergebnis einer besonderen Ausnahmensituation war. Anders als in den Fällen der *legio I/II adiutrix* ist über den Hintergrund dieser Ausnahmesituation nichts Konkretes bekannt.[480]

Nicht geklärt ist, warum die Adressaten der erhaltenen Diplome durchwegs die dreiteilige römische Namensform tragen. Link weist richtiger Weise darauf hin, dass der dreiteilige römische Namen bei Soldaten nicht zwangsläufig bedeutete, dass sein Träger *cives romanus* war. Die weitere Hypothese Links, dass die Gardereiter regelmäßig bei Eintritt in diese Truppe römische Namen, aber nicht das Bürgerrecht erhielten, kann nicht überzeugen. Gerade dieser Autor, der von der Repräsentativität der Fundstatistik der Diplome in so hohem Maße überzeugt ist, entspricht mit seiner Hypothese der Fundstatistik nicht.[481] Diese legt nämlich nahe, dass die Diplomvergabe an die Gardereiter ein Sonderfall in einem speziellen, eng begrenzten Zeitraum war. Wenn aber die Gardereiter regelmäßig während des Dienstes kein Bürgerrecht hatten, ist es nur sehr schwer vorstellbar, dass sie das Bürgerrecht nicht regelmäßig bei ihrer Entlassung erhielten. Das hätte eine extreme Benachteiligung der *equites singulares Augusti* gegenüber allen anderen hauptstädtischen Truppen bedeutet. Die Gardereiter wären damit bezüglich des Bürgerrechts sogar schlechter gestellt gewesen als „einfache" Auxiliarsoldaten. Das ist sehr unwahrscheinlich. Außerdem ist es wenig plausibel, dass nach der *constitutio Antoniniana* die *equites singulares Augusti* mehrheitlich aus Peregrinen bestanden. Die bisherige Meinung, dass die Gardereiter grundsätzliche eine Bürgertruppe waren,

479 LINK, Veteranen, 54–59.
480 MIRKOVIC, Conubium, 185–186.
481 LINK, Veteranen, 60–64.

deren Angehörige im Regelfall das Bürgerrecht spätestens beim Eintritt in diese Truppe erhielten,[482] bleibt also die wahrscheinlichste. In diesem Zusammenhang ist die Diplomvergabe durch Alexander Severus als Ausnahme zu betrachten.

4. Immunitäten

Mit der Entlassung von Veteranen konnten zwei Arten von Befreiungen verbunden sein: Die Befreiung von Steuern (*immunitas omnium rerum*) sowie die von anderen Lasten (*vacatio munerum*; im griechischsprachigen Osten wurden *munera* auch als Liturgien bezeichnet), wie etwa die Beherbergung von Beamten oder die Stellung von Zugtieren und Fahrzeugen.[483]

Für die Zeit bis zum Ende des zweiten Jahrhunderts liegen nur sehr verstreute Zeugnisse für die Immunitäten von Veteranen vor.[484] Bis heute ist nicht völlig geklärt, ob Veteranen vor der Severerzeit regelmäßig mit Immunitäten ausgestattet wurden oder ob die erhaltenen Belege Zeugnisse außergewöhnlicher Maßnahmen sind. Link kommt in der bisher umfangreichsten Untersuchung des Themas zum zweiten Schluss. Im Detail wirken seine Ausführungen gelegentlich etwas konstruiert, vor allem wenn er komplexe Hypothesen entwickelt, die nur eine schmale Basis in den Quellen haben. Insgesamt aber kann er glaubhaft machen, dass die aus den ersten eineinhalb Jahrhunderten des Prinzipats überlieferten Immunitäten von Veteranen aus besonderen Konstellationen resultierten. Ein zentrales Argument Links bleibt der Umkehrschluss aus dem Fehlen von Quellen. In ihren Grundzügen bleiben seine Überlegungen die plausibelsten zu diesem Thema.[485] Unwiderleglich beweisen lässen sich seine Annahme bei der derzeitigen Quellenlage jedoch nicht.

Im Jahr 42 v. Chr. wurde eine *lex Munatia Aemilia*[486] beschlossen, die wohl die Grundlage für die Verleihung von Immunitäten an Veteranen in dieser letzten Epoche der Bürgerkriege war. Das Gesetz selbst ist nicht überliefert, doch zwei offenbar darauf beruhende Dokumente über Verleihungen von Immunitäten durch Octavian blieben erhalten: Eine Privilegierungsurkunde für Seleukos von Rhosos aus dem Jahr 40 v. Chr. und die Abschrift eines Edikts von etwa 33 v. Chr., durch das in Ägypten stationierte Soldaten Immunitäten erhielten.[487] In beiden Fällen

482 SPEIDEL, Equites Singulares Augusti, 65–66.

482 Allgemein zu Liturgien siehe: RHODES, Liturgie; Liturgien spielen besonders in den ägyptischen Papyri eine große Rolle; siehe dazu: LEWIS, Compulsory public services; DRECOLL, Liturgien.

484 Mit diesen Zeugnissen befassen sich die folgenden Ausführungen.

485 LINK, Veteranen, 66–133.

486 Zu diesem Gesetz siehe die unten für die beiden darauf beruhenden Dokumente angegebene Literatur.

487 FIRA I,55; FIRA I,56. Zu diesen beiden Dokumenten LINK, Veteranen, 68–72; WOLFF, Veteranenprivilegien, 68–97.

wurden sehr weit reichende Privilegien verliehen: Die betroffenen Soldaten erhielten Steuerfreiheit für ihre Immobilien sowie Befreiungen von zahlreichen *munera* (vor allem der Bewirtungs- und Beherbergungspflicht für Beamte). Die Befreiungen galten nicht nur für die ausgedienten Soldaten, sondern auch für ihre Eltern, Frauen und Kinder.

Aus der späteren Alleinherrschaft des Octavian-Augustus sind keine Belege für die Verleihungen von Immunitäten an Veteranen erhalten. Aus dem Seleukos-Dekret und dem Edikt Octavians für Ägypten lassen sich wegen der anders gearteten Heeresorganisation keine direkten Schlüsse für die Kaiserzeit ableiten. Das stehende Heer entstand erst in der Zeit der Alleinherrschaft des Augustus. Die mit Immunitäten ausgestatteten ehemaligen Soldaten aus den Bürgerkriegen waren zwar insofern Veteranen, als sie ausgedient hatten. Der technische Veteranenbegriff des kaiserzeitlichen Berufsheeres ist auf sie aber nicht anwendbar, da sie nicht nach Ableistung einer vorgeschriebenen Dienstzeit entlassen wurden. Vielmehr wurden die Soldaten der Bürgerkriegsarmeen noch wie in der Republik üblich prinzipiell für einzelne Feldzüge angeworben und nach dessen Ende entlassen. Die regelmäßigen Entlassungen von Veteranen unabhängig von einzelnen Feldzügen waren ein Phänomen, das erst mit der Errichtung des stehenden Berufsheeres entstand. Daher haben die Immunitätsverleihungen an Bürgerkriegs"veteranen" für die Situation der Kaiserzeit wenig Aussagekraft. Daraus erklärt sich möglicherweise auch, dass aus der Kaiserzeit keine Immunitätsverleihungen bekannt sind, die auf der *lex Munatia Aemilia* beruhen. Wolffs Annahme, dass dieses Gesetz zum „Grundgesetz" der Veteranenimmunitäten in der Kaiserzeit wurde[488], ist damit nicht überzeugend. Hingegen ist denkbar, dass es sich auch bei dieser *lex* um einen Fall typisch republikanischer Anlassgesetzgebung handelte.

Die Annahme, dass im frühen Prinzipat keine regelmäßige Vergabe von Immunitäten erfolgte, wird auch durch die so genannte *charis Neronos* aus dem Jahr 63 n. Chr. bestätigt. Dabei handelt es sich um drei Papyri, die einen Bescheid des *praefectus Aegypti* an verschiedene Veteranen dokumentieren. Zwei dieser Papyri sind praktisch wortgleiche offizielle Protokolle[489], der dritte ist das „Gedächtnisprotokoll" eines beteiligten Legionsveteranen.[490] Die Anfrage der Veteranen bezog sich darauf, inwieweit ihnen Immunitäten zukämen. In seiner Antwort stellt der Präfekt hingegen allein auf das Bürgerrecht der Betroffenen ab. Daher muss das Bürgerrecht der Veteranen ausschlaggebend für ihre Immunitäten gewesen sein. Link folgert konsequenterweise, dass die Veteranen nicht aufgrund der Tatsache, dass sie Veteranen waren, sondern wegen ihres Bürgerrechts in den Genuss von

488 WOLFF, Veteranenprivilegien, 97.

489 FIRA III,171a.

490 FIRA III,171b.

Immunitäten kamen.[491] Dabei war Bürgerrecht offenbar nicht gleich Bürgerrecht. Vielmehr ist zwischen Alt- und Neubürgern zu unterscheiden, wobei nicht vollkommen klar ist, was das genaue Abgrenzungskriterium dieser beiden Gruppen war. Vermutlich richtete sich die Zuordnung grundsätzlich nach der regionalen Herkunft. Weiters war die Zugehörigkeit zu den beiden Gruppen möglicherweise vererblich.[492] Die genaue Abgrenzung ist für den militärischen Bereich allerdings nicht von zentraler Bedeutung, da unbestritten Legionäre als Altbürger galten, während jene Auxiliarveteranen, die durch kaiserliche Konstitutionen das Bürgerrecht erhalten hatten, Neubürger waren. Aus dem dritten der fünf Edikte, die Augustus 7/6 v. Chr. für Kyrene erlassen hatte[493], geht hervor, dass Altbürger vermutlich schlechthin von lokalen Liturgien befreit waren, während Neubürger diese zu leisten hatten. Im zweiten Jahrhundert verwischte sich der Unterschied zwischen den beiden Gruppen zunehmend und zwar in der Weise, dass auch Altbürger zunehmend zu lokalen Liturgien herangezogen wurden.[494]

Für die Veteranen bedeutet das also, dass ehemalige Legionäre Immunität von lokalen *munera* genossen, und zwar nicht, weil sie Veteranen waren, sondern weil Legionäre durchwegs als Altbürger galten. Bezüglich der Auxiliarveteranen ist das Bild komplexer: Wenn sie Altbürger waren, genossen sie Immunität, hatten sie hingegen das Bürgerrecht durch kaiserliche Konstitutionen erhalten und waren damit Neubürger, hatten sie die *munera* zu leisten. Über eine allfällige Steuerfreiheit der Veteranen sagt die *charis Neronos* nichts aus.

Auch ein Dokument aus der Zeit Vespasians bestätigt, dass Veteranen im ersten Jahrhundert nicht regelmäßig als Veteranen volle Immunität erhielten: Dabei handelt es sich um ein Militärdiplom eines Veteranen der Prätorianergarde.[495] Das Diplom unterscheidet sich von allen anderen erhaltenen Militärdiplomen dadurch, dass in der zugrunde liegenden Konstitution Land an die Veteranen zugewiesen wurde. Außerdem wurde den Veteranen durch die Konstitution Immunität verliehen

Die ehemaligen Prätorianer erhielten also nicht für ihr gesamtes Grundeigentum Immunität, sondern nur für jene Teile, die sie bei ihrer Entlassung bereits besaßen

491 LINK, Veteranen, 111. Links Interpretation der *charis neronos* ist nicht die einzige, doch sie entspricht dem Wortlaut am besten und ist daher am überzeugendsten. Die Vertreter anderer Interpretationen weichen deshalb mehr vom Wortlaut ab, weil sie eine Abstufung innerhalb des römischen Bürgerrechts nicht annehmen wollen. So z.B. WENGER, Verfahren de plano, 373.

492 LINK, Veteranen, 121–125.

493 FIRA I,68.

494 LINK, Veteranen, 113–118. Den Endpunkt dieser Entwicklung stellt D 50,4,3 pr dar. In diesem Text stellt Ulpian klar, dass auch Bürger aus der Stadt Rom keine Freiheit von *munera* genossen. Man könnte annehmen, dass Ulpian das gerade deshalb explizit klarstellt, weil Stadtrömer früher als Altrömer sehr wohl Befreiungen genossen hatten.

495 CIL XVI,35.

und vor allem das Land, das sie im Zuge der *missio* erhielten. Später hinzukommende Ländereien waren hingegen nicht befreit. Die Befreiung war damit vergleichsweise eingeschränkt. Dabei handelte es sich bei den Veteranen um ehemalige Prätorianer (also Angehörige der prestigeträchtigsten Truppengattung), die in einer ganz spezifischen Situation entlassen worden waren.[496] Die ehemaligen Prätorianer des Vitellius hatten sich der „normalen" Entlassung mit der üblichen Landzuweisung widersetzt. Vespasian nahm sie pro forma in seine Garde auf und entließ sie dann sukzessive unter besonderen Vergünstigungen: einerseits die Verleihung des *conubium* in Militärdiplomen und andererseits die Immunität des zugewiesenen Landes. Diese Immunität war vergleichsweise begrenzt und doch eine besondere Vergünstigung. Daher ist zu vermuten, dass Veteranen ansonsten bei ihrer Entlassung keine Steuerfreiheit erhielten.

Vespasian verlieh in CIL XVI,25 jedenfalls Steuerfreiheit, wie aus dem Wortlaut der Konstitution hervorgeht, denn *immunitas* bedeutet im eigentlichen Sinn Steuerfreiheit.[497] Über die Befreiung von *munera* sagt das Diplom hingegen nichts aus. Der naheliegendste Schluss daraus ist die Annahme, dass keine Befreiung von *munera* vergeben wurde.[498]

Auch aus der Regierungszeit des Domitian gibt es ein Dokument zur Immunität von Veteranen: Eine private (auf eine Holztafel geritzte) Abschrift zweier Konstitutionen Domitians aus den Jahren 88/89 und 93, die der Legionsveteran Marcus Valerius Quadratus von einer Bronzetafel in Alexandria anfertigte oder anfertigen ließ.[499] Der Text (besonders der der ersten Konstitution) ist ausgesprochen verderbt und in der überlieferten Fassung in sich widersprüchlich und nicht vollkommen verständlich.[500] Der grundsätzliche Inhalt ist allerdings klar: Den Legionsveteranen, ihren Vätern und ihren Kindern wurde das *conubium*, die *immunitas omnium rerum* und die *vacatio munerum* verliehen. Außerdem erhielten die Kinder das Bürgerrecht.[501] Manche Autoren (insbesondere Wolff[502]) sehen in den Konstitutionen Domitians eine Bestätigung der umfassenden Privilegien, die Octavian seinen Bürgerkriegsveteranen verliehen hatte, und leiten daraus eine fortlaufende Vergabe von Immunitäten an Veteranen im ersten Jahrhundert ab. Wie gezeigt wurde, ist das jedoch unwahrscheinlich. Die *charis Neronos* legt nahe, dass Veteranen als solche im ersten Jahrhundert keine Freiheit von *munera* genossen, und aus dem Militärdiplom CIL XVI,25 geht hervor, dass es eine regelmäßige Vergabe von

496 Siehe S. 107.
497 LINK, Veteranen, 66.
498 LINK, Veteranen, 78 Fn. 296; anders hingegen: WOLFF, Veteranenprivilegien, 105.
499 FIRA I,76, CIL XVI,12.
500 LINK, Veteranen, 78.
501 LINK, Veteranen, 88.
502 WOLFF, Veteranenprivilegien, 102.

Steuerfreiheit nicht gab. Daher ist Links These zu den Konstitutionen Domitians angesichts der derzeitigen Quellenlage die plausibelste: Er geht davon aus, dass diese weit reichenden Privilegien nur in der Regierungszeit Domitians an die Legionsveteranen verliehen wurden.[503] Es gibt keine völlig eindeutigen Beweise dafür, dass Domitians Nachfolger seine Maßnahmen nicht fortsetzten, aber einige Indizien.[504] Der wichtigste Hinweis ist ein Reskript des Antoninus Pius an den bereits entlassenen Legionsarzt Numisius.[505] Der Arzt wollte von den *munera civilia* freigestellt werden. Antoninus Pius antwortete ihm, dass er sich dazu bei den lokalen Behörden um die Aufnahme in die zahlenmäßig beschränkte Gruppe jener Ärzte bemühen solle, die von den *munera* befreit waren. Wäre Numisius schon aufgrund seiner Eigenschaft als Veteran privilegiert gewesen, wäre diese Vorgehensweise nicht nötig gewesen. Eine allfällige Befreiung als Altrömer scheidet deshalb aus, weil sie in der zweiten Hälfte des zweiten Jahrhunderts bereits außer Gebrauch gekommen war.

Während alle Ausführungen zu den Immunitäten in den ersten zweihundert Jahren des Prinzipats aufgrund der fragmentarischen Quellenlage nur Vermutungen sein können, ist die Rechtslage in severischer Zeit vergleichsweise eindeutig. Seit Septimius Severus (möglicherweise nach Vorstufen unter Marc Aurel[506]) erhielten Veteranen regelmäßig und aufgrund ihrer Eigenschaft als Veteranen Freiheit von gewissen *munera*. Die waren auf Lebenszeit von *munera personalia*, also persönlichen Lasten, befreit, während sie *munera patrimoniorum*, die an ein Grundstück gebunden waren, zu leisten hatten.[507] Das bot die Möglichkeit, die Vergünstigungen der Veteranen dadurch einzuschränken, dass gewisse Lasten, die ursprünglich *munera personalia* waren, als *munera patrimoniorum* neu definiert wurden.[508] Die Befreiungen galten nur für die Veteranen selbst, nicht für ihre Kinder.[509] Bezüglich der Dauer der Vergünstigungen sind detaillierte Vorschriften für die Befreiung von der *tutela* erhalten, die möglicherweise auch auf andere *munera civilia* anwendbar waren: Soldaten, welche die volle Dienstzeit abgeleistet hatten, genossen die Befreiung auf Lebenszeit, während durch *missio causaria* Entlassene je nach ihrer abgeleisteten Dienstzeit für eine bestimmte Zeit befreit waren. Eine Dienstzeit von

503 Unklar muss bleiben, ob die Befreiung von Legionsveteranen innerhalb der Regierungszeit Domitians regelmäßig vorgenommen wurde. LINK, Veteranen, 87–88, geht davon aus, dass das zumindest von 88/89 bis 93 der Fall war, da die erhaltenen Konstitutionen aus diesen Jahren stammen.

504 LINK, Veteranen, 88–95.

505 C 10,53,1.

506 LINK, Veteranen, 99–106.

507 D 50,5,7.

508 WOLFF, Veteranenprivilegien, 104–105.

509 D 50,5,8,2.

weniger als fünf Jahren führte zu gar keiner Befreiung, fünf Jahre Dienst brachten ein Jahr Befreiung, acht Dienstjahre zwei Jahre Befreiung, zwölf Dienstjahre drei Jahre Befreiung und 16 Dienstjahre schließlich eine Befreiung von vier Jahren.[510] Wenn privilegierte Veteranen allerdings in ein städtisches Amt gewählt wurden, waren sie von den damit verbundenen *munera* nicht befreit.[511]

5. Sonstige Vergünstigungen

Auch im Bereich des Strafrechts genossen die Veteranen gewisse Vergünstigungen. Sie waren *honestiores* und konnten damit nicht zu Strafen verurteilt werden, die als entehrend galten, nämlich Bergwerksarbeit, Strafarbeit, Tierhetze und Stockschläge.[512] Seit wann es diese Vergünstigungen gab, geht aus den Fragmenten Menanders und Marcians nicht hervor.[513]

Seit Hadrian waren die Vorschriften über das *peculium castrense* auch auf gewaltunterworfene Veteranen anwendbar.[514]

Veteranen konnten zwar kein Testament nach den formlosen Vorschriften des Soldatentestaments errichten, doch ein in der aktiven Dienstzeit errichtetes Soldatentestament blieb nach der Entlassung ein Jahr gültig.[515]

510 D 27,1,8,2–3.
511 D 49,18,5,2.
512 D 49,18,1; D 49,18,3. Zur Bedeutung der Unterscheidung von *humiliores* und *honestiores* siehe MOMMSEN, Strafrecht, 1031–1037; RILINGER, Humiliores–honestiores.
513 WOLFF, Veteranenprivilegien, 112, schreibt diese Vergünstigung ohne Gründe zu nennen Hadrian zu.
514 Inst. 2,12 pr.
515 D 29,1,21; D 29,1,26.

XII. Resumee

Dass der Dienst in der römischen Armee der Kaiserzeit große Auswirkungen auf die rechtliche Position eines Soldaten haben konnte, wird vor allem an den Änderungen deutlich, die der *status* durch den Militärdienst erfahren konnte. Insbesondere beim Eintritt und bei der Entlassung aus der Armee konnte sich der *status* eines Soldaten gravierend ändern.

Der *status libertatis* änderte sich in jenen Fällen durch den Heereseintritt, in denen Sklaven bei Rekrutenmangel für den Dienst in der Armee freigelassen wurden. Da in der Kaiserzeit der Grundsatz einer sklavenfreien Armee durchwegs eingehalten wurde, hatte Militärdienst über diese eine Fallkonstellation hinaus keine weiteren Auswirkungen auf den *status libertatis*.

Auf den *status civitatis* konnte der Militärdienst ganz erhebliche Auswirkungen haben. Schon der Eintritt in die Armee bewirkte dann eine Änderung, wenn Nichtrömer für eine Bürgertruppe rekrutiert wurden und ihnen dafür das Bürgerrecht verliehen wurde. Der *status civitatis* konnte sich in bestimmten Sonderfällen auch mitten während der Dienstzeit ändern. Das konnte einerseits durch die sechs-, später dreijährige Dienstzeit bei den stadtrömischen *vigiles* geschehen, die Latinern das römische Bürgerrecht brachte, andererseits durch „special grants", also außertourliche Bürgerrechtsverleihungen aufgrund besonderer Verdienste. Die weitaus typischste Änderung des *status civitatis* waren jedoch die Bürgerrechtsverleihungen durch Kaiserkonstitutionen und darauf beruhende Militärdiplome am Ende der Dienstzeit oder mit der Entlassung, durch die sich die bürgerrechtliche Position der Angehörigen bestimmter Truppenteile (insbesondere Auxilien und Flotten) regelmäßig entscheidend veränderte.

Der Militärdienst führte zu keinen Änderungen im *status familiae* eines Soldaten, doch er konnte trotzdem große Auswirkungen auf die familienrechtliche Situation eines Soldaten haben. Die Institution des *peculium castrense* gewährte in ihrer vollen Entwicklung einem gewaltunterworfenen Soldaten eine vermögensrechtliche Autonomie, die beinahe einer teilweisen Emanzipation gleichkam.

Die vergleichsweise großen Unterschiede in der Rechtsposition römischer Zivilisten und römischer Soldaten waren typisch für die Kaiserzeit. Der republikanische Soldat war in erster Linie Bürger (typischerweise Bauer) gewesen. Seine rechtliche Position unterschied sich daher – abgesehen davon, dass er der militärischen Disziplin unterworfen war – nur unwesentlich von der anderer Bürger. Das änderte sich in der Kaiserzeit als Soldat ein Beruf geworden war, und die Armeeangehörigen einen großen Teil ihres Lebens in der Armee verbrachten. Die rechtliche Stellung der Soldaten war in erster Linie von der militärischen Zweckmäßigkeit bestimmt. Dies konnte die Position eines Soldaten gegenüber der von Zivilisten verschlechtern, aber auch verbessern.

Die Ausrichtung an der militärischen Zweckmäßigkeit wird etwa im Militärstrafrecht daran deutlich, dass der Grundsatz *nulla poena sine lege* nicht galt. Ein Militärdelikt war alles, was gegen die Disziplin verstieß. Damit war das Militärstrafrecht viel unvorhersehbarer und strenger als das zivile. Überhaupt war die ungeheuer strenge Disziplin der römischen Armee einer der Punkte, durch die sich das Leben eines Soldaten ganz erheblich von dem eines Zivilisten unterschied. Auch das Heiratsverbot, dem die Soldaten von Augustus bis Septimius Severus unterlagen, war ein gewaltiger rechtlicher Eingriff in ihr Leben, der primär militärische Gründe hatte. Man wollte verhindern, dass die Mobilität und die Einsatzbereitschaft der Armee durch familiäre Bindungen der Soldaten eingeschränkt werden. Diesem Verbot und seinen Folgewirkungen, etwa der Unmöglichkeit legitime Kinder zu haben, brachten manche Soldaten nur wenig Verständnis entgegen. Auch die (im Detail etwas unklaren) Einschränkungen, denen Soldaten bei der Vereinsgründung unterlagen, hatten wohl in erster Linie disziplinäre Ursachen. Es sollte verhindert werden, dass die Soldaten ein allzu geeignetes Forum für politische oder sogar konspirative Treffen haben.

Andererseits aber waren römische Soldaten in vielfacher Weise gegenüber Zivilisten bevorzugt. Auch diese Vergünstigungen ergaben sich teilweise aus der militärischen Zweckmäßigkeit. Daneben resultierten sie sicher auch aus dem Bemühen der Kaiser, die Soldaten für die genannten Einschränkungen zu entschädigen und sich die Gunst der Armee zu erhalten, deren Bedeutung als politischer Faktor kaum überschätzt werden kann. Ganz typisch dafür ist, dass Hadrian den illegitimen Soldatenkindern ein Intestaterbrecht gewährte. Er ließ das Heiratsverbot bestehen, aber schwächte seine Wirkungen ab, wie es vor ihm schon Claudius getan hatte, als er den Soldaten die Rechtsposition verheirateter Männer (und vielleicht das Dreikinderrecht) verlieh. Das Privileg des *peculium castrense* hingegen hatte keine unmittelbare Ausgleichsfunktion für andere Einschränkungen. Hier war es einfach praktisch, einem Haussohn in der Armee, der möglicherweise weit weg von seinem *pater familias* stationiert war, eine größere vermögensrechtliche Selbständigkeit einzuräumen. Durch diese Einrichtung waren in der Armee dienende gegenüber zivilen Haussöhnen wesentlich bevorzugt. Ausgesprochen bevorzugt waren die Soldaten auch durch die vollkommen formlose Testiermöglichkeit. Dieses Privileg entstand wohl aus dem Bemühen, den Soldaten nichtrömischer Herkunft die Testamentserrichtung zu erleichtern. Gleichzeitig zeigt sich auch hier die allgemeine Tendenz, die Soldaten dort zu bevorzugen, wo es mit der Disziplin und der militärischen Zweckmäßigkeit vereinbar war. Eine bedeutende Besonderheit waren schließlich die von Truppengattung zu Truppengattung unterschiedlichen Privilegien, die für Veteranen mit deren ehrenhafter Entlassung verbunden waren. Diese bedeuteten vor allem für jene Soldaten, die Land- oder Geldabfindungen erhielten, eine Art staatlicher Altersvorsorge. Im zivilen Bereich gab es nichts Vergleichbares. Allerdings erreichte nur etwa die Hälfte der Soldaten das Ende ihrer Dienstzeit und damit die *honesta missio*.

Literatur- und Quellenverzeichnis

Quellensammlungen

BGU I, hrsg. v. der Generaldirektion der königlichen Museen, Berlin 1895.
ChLA X, hrsg. v. A. BRUCKNER, Dietikon 1979.
CIL III, hrsg. v. T. MOMMSEN, Berlin 1873.
CIL V, hrsg. v. T. MOMMSEN, Berlin 1872.
CIL VII, hrsg. v. T. MOMMSEN, Berlin 1881.
CIL XVI, hrsg. v. H. NESSELHAUF, Berlin 1936.
CIL XVI Suppl, hrsg. v. H. NESSELHAUF, Berlin 1954.
Documenti per la storia dell'esercito Romano in Egitto, hrsg. v. S. DARIS, Mailand 1964
FIRA I, hrsg. v. S. RICCOBONO, Florenz ²1941.
FIRA III, hrsg. v. V. ARANGIO-RUIZ, Florenz ²1943.
Militärinschriften aus Carnuntum, hrsg. v. E. VORBECK, ²1980.
RMD I, hrsg. v. M. ROXAN, London 1978.
RMD II, hrsg. v. M. ROXAN, London 1985.
RMD III, hrsg. v. M. ROXAN, London 1994.
RMD IV, hrsg. v. M. ROXAN, London 2003.
RMD V, hrsg. v. P. HOLDER/M. ROXAN, London 2006.
SB I, hrsg. v. F. Preisigke, Wiesbaden 1915.
SB V, hrsg. v. F. BILABEL, Wiesbaden 1955.
SB VIII, hrsg. v. E. KIESSLING,Wiesbaden 1967.

Editionen der zitierten Papyri

FIRA I,78 = BGU I,140 = M.Chr. 373 = Documenti per la storia dell'esercito Romano in Egitto, Nr. 108.
FIRA I,56 = BGU II,628 V° II = M.Chr. 462 = ChLA X,416.
FIRA III,19 = APF 3 (1906), 55–67; P.Cattaoui I Recto = M.Chr. 372, P.Cattaoui I Verso = M.Chr. 88, P. Cattaoui II = SB I,4284.
FIRA III,171a = SB VIII,9668 = P.Fouad I,21; P.Oslo Inv. 1451 = Documenti per la storia dell'esercito Romano in Egitto, Nr. 101–102.
FIRA III,171b = SB V,8247 = P.Yale Inv. 1528 = Documenti per la storia dell'esercito Romano in Egitto, Nr. 103.

Literatur

G. ALFÖLDY, „Zur Beurteilung der Militärdiplome der Auxiliarsoldaten“, in: *Historia* 17 (1968), 215–227.

R. ALSTON, „Roman Military Pay from Caesar to Diocletian”, in: *JRS* 84 (1994), 113–123.

R. ALSTON, *Soldier and Society in Roman Egypt*, London 1995.

L. AMIRANTE, *Captivitas e postliminium*, Napoli 1950.

V. ARANGIO-RUIZ, „L'origine del testamentum militis”, in: *Bull* 18 (1906), 157–196.

P. ARNAUD-LINET, „Remarques sur l'octroi de la civitas et du conubium dans les diplômes militaries”, in: *REL* 55 (1977), 282–227.

F.M. AUSBÜTTEL, „Zur rechtlichen Lage der römischen Militärvereine“, *Hermes* 113 (1985), 500–505.

C.G.A. BECHMANN, *Das ius postliminii und die lex Cornelia*, Erlangen 1872.

O. BEHRENDS, „Die Rechtsregelungen der Militärdiplome und das die Soldaten des Prinzipats treffende Eheverbot“, in: ECK/WOLFF, *Heer und Integrationspolitik*, 116–166.

J. BESZEDES/M. MOSSER, „Die Grabsteine der Legio XV Apollinaris in Carnuntum“, in: *Carnuntum Jahrbuch 2002* (2003), 9–98.

J. BLEICKEN, *Augustus*, Berlin [3]1999.

J. BLEICKEN, *Die Verfassung der römischen Republik*, Paderborn/Wien [7]1995

J. BLEICKEN, *Verfassungs- und Sozialgeschichte der römischen Kaiserzeit I*, Paderborn/Wien [3]1995.

E. BIRLEY, „Before Diplomas and the Claudian Reform“, in ECK/WOLFF, *Heer und Integrationspolitik*, 265–292.

C.E. BRAND, „Roman Military Law“, Austin/London 1968.

B. CAMPBELL, „Auxilia“, in: *DNP* II, Stuttgart 1997, 364–365.

B. CAMPBELL, „Equites singulares“, in: *DNP* IV, Stuttgart 1998, 37–38.

B. CAMPBELL, „Legio“, in: *DNP* VII, Stuttgart 1999, 7–22.

B. CAMPBELL, „Numerus“, in: *DNP* VIII, Stuttgart 2000, 1055.

B. CAMPBELL, „Praetorianer“, in. *DNP* X, Stuttgart 2001, 262–264.

B. CAMPBELL, „The Marriage of Roman Soldiers under the Empire“, in: *JRS* 68 (1978), 153–166.

B. CAMPBELL, *The Roman Army 31 BC–AD 337 – A Sourcebook*, London 1994.

J-M. CARRIÉ, „Der Soldat“, in A. GIARDINA (Hrsg.), *Der Mensch der römischen Antike*, Frankfurt 1986, 117–157.

D. CHERRY, „The Marriage of Equestrian Officers in the Post-Severan Army22, in: *Historia* 46 (1997), 113–116.

H. CALLIES, „Die fremden Truppen im römischen Heer des Prinzipats und die sogenannten nationalen Numeri“, in: *BRGK* 45 (1964), 130–227.

M. CORBIER, „Munus, Munera“, in: *DNP* VIII, Stuttgart 2000, 483–486.

W. DAHLHEIM, „Die Armee eine Weltreiches. Der römische Soldat und sein Verhältnis zu Staat und Gesellschaft“, in: *Klio* 74 (1992), 187–220.

L. DELIBERO, „Salarium“, in: *DNP* XI, Stuttgart 2001, 1245.

A. DOMASZEWSKI, „Auxilia“, in: *RE* II, Stuttgart 1896, 2618–2622.

A. DOMASZEWSKI, *Die Rangordnung des römischen Heeres*, Köln/Graz ²1967.

C. DRECOLL, *Die Liturgien im Römischen Kaiserreich des 3. und 4. Jh. n. Chr. Untersuchung über Zugang, Inhalt und wirtschaftliche Bedeutung der öffentlichen Zwangsdienste in Ägypten und anderen Provinzen*, Stuttgart 1997.

M. DURRY, Praetoriae cohortes, in: *RE* XXII, Stuttgart1954, 1607–1634.

S. DUSANIC, „Pre-Severan Diplomata and the Problem of ‘Special Grants’“, in ECK/WOLFF, *Heer und Integrationspolitik*, 190–240.

W. ECK, „Urbanae cohortes“, in: *DNP* XII, Stuttgart 2002, 1030.Quelle, 1986, 556–576.

W. ECK/H. WOLFF (Hrsg.), *Heer und Integrationspolitik – Die römischen Militärdiplome als historische Quelle*, Köln/Wien 1986.

W. ECK/H. WOLFF, „Ein Auxiliardiplom aus dem Jahre 203 n. Chr.“, in ECK/WOLFF, *Heer und Integrationspolitik*, 556–576.

G. EISENRING, *Die römische Ehe als Rechtsverhältnis*, Wien 2002.

H. ENGELMANN/D. KNIBBE, *Das Zollgesetz der Provinz Asia*, Bonn 1989.

H. FITTING, *Das castrense peculium*, Halle 1871.

H. FITTING, *Zur Geschichte des Soldatentestaments*, Halle 1866.

G. FORNI, „I diplome militari di classiari delle flotte pretorie“, in ECK/WOLFF, *Heer und Integrationspolitik*, 293–321.

H. FREIS, *Die cohortes urbanae*, Köln/Bonn 1967.

R. FRIEDL, *Der Konkubinat im kaiserzeitlichen Rom. Von Augustus bis Septimius Severus*, Stuttgart 1996.

H. GALSTERER, „Lex Ursonensis“, in: *DNP* VII, Stuttgart 1999,122.

H. GALSTERER, „Provincia“, in: *DNP* X, Stuttgart 2001, 473–475.

H. GALSTERER, „Steuern – Rom“, in: *DNP* XI, Stuttgart 2001, 982–986.

K. GILLIVER, *Auf dem Weg zum Imperium. Eine Geschichte der römischen Armee*, Stuttgart 2003.

C. GIZEWSKI, „Immunitas“, in: *DNP* V, Stuttgart 1998, 951–952.

B.P. GRENFELL/A.S. HUNT/P. MEYER, “Papyrus Cattaoui”, in: *APF* 3, 1906, 55–105.

H. HAUSMANINGER, „Benevolent and Humanae Opinioins of Classical Roman Jurists“, in: *Boston University Law Review* 61 (1981), 1139–1156.

P. HERZ, „Flottenwesen“, in: *DNP* IV, Stuttgart 1998, 568–572.

P. HERZ, Rezension von S. Link, Konzepte der Privilegierung römischer Veteranen Stuttgart (1989) in: *SZ* 108 (1991), 374–378.

R.M. HONIG, *Humanitas und Rhetorik in den spätrömischen Kaisergesetzen*, Göttingen 1960.

J. HUBER, *Der Ehekonsens im römischen Recht*, Rom 1977 (Analecta Gregoriana 204).

J. JAHN, „Zur Entwicklung römischer Soldzahlungen von Augustus bis auf Diokletian", in A. ALFÖLDI (Hrsg.), „Studien zu Fundmünzen der Antike II", Berlin 1984, 53–74.

J.H. JUNG, „Das Eherecht der römischen Soldaten", in: *ANRW* II.14, Berlin/New York 1982, 302–346.

J.H. JUNG, „Die Rechtsstellung der römischen Soldaten. Ihre Entwicklung von den Anfängen Roms bis auf Diokletian", in: *ANRW* II.14, Berlin/New York 1982, 882–1013.

M. JUNKELMANN, *Die Legionen des Augustus*, Mainz 1986.

E-H. KADEN, Rezension von L. Amirante, Captivitas e postliminium Neapel (1950) in: *Iura* 2 (1951), 253–257.

M. KASER, *Das römische Privatrecht I*, München ^{2}1975.

H.J. KELLNER, „Die Möglichkeit von Rückschlüssen aus der Fundstatistik", in W. ECK/H. WOLFF (Hrsg.), *Heer und Integrationspolitik*, 241–248.

D. KIENAST, *Untersuchungen zu den römischen Kriegsflotten der Kaiserzeit*, Bonn 1966.

E. KORNEMANN, „Collegium", in *RE* III, Stuttgart 1901, 380–480.

E. KORNEMANN, „Municipium", *RE* XVI, Stuttgart 1933, 613–614.

H. KORNHARDT, „Postliminium in republikanischer Zeit", in: *SDHI* 19 (1953), 1–37.

K. KRAFT, „Zum Bürgerrecht der Soldatenkinder", in: *Historia* 10 (1961), 120–126.

H. KRELLER, *„Juristenarbeit am postliminium"*, in: *SZ* 69 (1952), 172–210.

H. KRELLER, „Postliminium", in: *RE* XLIII, Stuttgart 1953, 863–73.

J. KROMAYER/G. VEITH, *Heerwesen und Kriegführung der Griechen und Römer*, München 1928.

B. KÜBLER, „Testament (juristisch)", in: *RE* V A, Stuttgart 1934, 966–1010.

W. KUNKEL, *Herkunft und soziale Stellung der römischen Juristen*, Graz/Wien/Köln ^{2}1967.

F. LAROSA, *I peculi speciali in diritto romano*, Milano 1953.

N. LAMBERT/J.SCHEUERBRANDT, *Das Militärdiplom. Quelle zur römischen Armee und zum Urkundenwesen*, Aalen 2002.

Y. LEBOHEC, „Disciplina militaris", in: *DNP* III, Stuttgart 1997, 690–692.

Y. LEBOHEC, „Kriegsgefangene – Rom", in: *DNP* VI, Stuttgart 1999, 845–846

Y. LEBOHEC, „Militärrecht", in: *DNP* VIII, Stuttgart 2000, 183–185

Y. LEBOHEC, „Militärschriftsteller", in: *DNP* VIII, Stuttgart 2000, 185–186

Y. LEBOHEC, „Militärstrafrecht“, in: *DNP* VIII, Stuttgart 2000, 186–187

Y. LEBOHEC, „Sold“, in: *DNP* XI, Stuttgart 2001, 695–697

F. LEONARD, „Captivitas“, in: *RE* III, Stuttgart 1899, 1555

F. LEONHARD/E. WEISS, „Lex Visella“, in: *RE* XII, Stuttgart 1925, 2418

B. LEHMANN, „Das Eigenvermögen der römischen Soldaten unter väterlicher Gewalt“, in: *ANRW* II.14, Berlin/New York 1982, 183–285.

P. LEROUX, „Les diplômes militaires et l'evolution de l'armée romaine de Claude à Septime Sévère. Auxilia, numeri et nations“, in ECK/WOLFF, *Heer und Integrationspolitik*, 347–374.

J. LESQUIER, *L'armée romaine d'Egypte*, Le Caire 1918.

E. LEVY, „Verschollenheit und Ehe in antiken Rechten“, in E. LEVY, *Gesammelte Schriften*, Bd. 2, Köln/Graz 1963, 46–96.

N. LEWIS, *The compulsory public services of Roman Egypt*, Firenze 1997.

H. LIEB, „Die constitutiones für die stadtrömischen Truppen“, in: ECK/WOLFF, *Heer und Integrationspolitik*, 322–346.

W. LIEBENAM, „Dilectus“, in: *RE* V, Stuttgart 1905, 591–639.

D. LIEBS, „Jurisprudenz“, in R. HERZOG/P.L SCHMIDT (Hrsg.), *Handbuch der lateinischen Literatur der Antike*, Bd. 4: K. SALLMANN (Hrsg.) D*ie Literatur des Umbruchs. Von der römischen zur christlichen Literatur 117 bis 284 n.Chr,* München 1997.

S. LINK, *Konzepte der Privilegierung römischer Veteranen*, Stuttgart 1989.

J.C. MANN, „A Note on Conubium“, in: ECK/WOLFF, *Heer undIntegrationspolitik*, 187–189.

U. MEINHARDT, „Ulp D 38,17,16 – Ein Zeugnis für Humana Interpretatio“, in: *TR*, (1965) 230–265.

E. MEYER, *Römischer Staat und Staatsgedanke*, Zürich/München 1948.

P. MEYER, „Die ägyptischen Urkunden und das Eherecht der römischen Soldaten“, in: *SZ* 18 (1897), 44–74.

M. MIRKOVIC, „Die Entwicklung und Bedeutung der Verleihung des conubium“, in: ECK/WOLFF, *Heer und Integrationspolitik*, 167–186.

M. MIRKOVIC, „Die römische Soldatenehe und der Soldatenstand“, in: *ZPE* 40 (1980), 259–271.

M. MIRKOVIC, Rezension von S.E. Phang, The Marriage of Roman Soldiers, Leiden/Boston/Köln (2001), in: *SZ* 120 (2003), 404–408.

L. MITTEIS, *Römisches Privatrecht*, Bd. 1, Leipzig 1908.

L. MITTEIS/U. WILCKEN, *Grundzüge und Chrestomathie der Papyruskunde*, Leipzig/Berlin 1912.

T. MOMMSEN, „Die Conscriptionsordnung der römischen Kaiserzeit“, in: *Hermes* 19, 1884, 1–79, 210–234 (=T. MOMMSEN, Gesammelte Schriften VI, 1910, 20–117).

T. MOMMSEN, *Römisches Staatsrecht* III.1, Leipzig 1887.

T. MOMMSEN, *Römisches Strafrecht*, Leipzig 1899.

MÜLLER, „Veteranenvereine in der römschen Kaiserzeit“, in: *NJA* 15 (1912), 267–284.

F. MÜNZER, „Cornelius Nr 216“, in: *RE* IV, Stuttgart 1903, 1380–1381.

H. NESSELHAUF, „Zum Bürgerrecht der Soldatenkinder“, in: *Historia* 8 (1959), 434–442.

S. E. PHANG, *The Marriage of Roman Soldiers (13 B.C. – A.D. 235). Law and Family in the Imperial Army*, Leiden/Boston/Köln 2001.

F. PRESCENDI, „Fetiales“, in: *DNP* IV, Stuttgart 1998, 496–497.

R.F. RENZ, *The Legal Position of the Soldier and Veteran in the Roman Empire*, Diss. Fordham University 1972.

P.K.B. REYNOLDS, *The Vigiles of the Imperial Rome*, Oxford 1926.

P.J. RHODES, „Liturgie – Politisch“, in: *DNP* VII, Stuttgart 1999, 358–359.

E. RITTERLING, „Legio“, in: *RE* XII, Stuttgart 1925, 1186–1829.

A. ROSENBERG, „Salarium“, in: *RE* I A, Stuttgart 1920, 1845–1847.

H.T. ROWELL, „Numerus“, in: *RE* XVII, Stuttgart 1937, 1327–1341.

M. ROXAN, „Observations on the Reasons for Changes in Formula in Diplomas circa AD 140“, ECK/WOLFF, *Heer und Integrationspolitik*, 265–292.

R. RILINGER, *Humiliores – honestiores*, München 1988.

E. SANDER, „Das Recht des römischen Soldaten“, in: *RhM* 101 (1958), 152–191, 193–234.

E. SANDER, „Das römische Militärstrafrecht“, in: *RhM* 103 (1960), 289–319.

E. SANDER, „Militärrecht“, in: *RE* Suppl. X, Stuttgart 1965, 394–410.

B. SANTALUCIA, *Verbrechen und ihre Verfolgung im antiken Rom*, Lecce 1997.

D. SCHANBACHER, *Ratio legis Falcidiae. Die falzidische Rechnung bei Zusammentreffen mehrerer Erbschaften in einer Hand*, Berlin 1995.

G. SCHIEMANN, „Conubium“, in: *DNP* III, Stuttgart 1997, 158–159.

G. SCHIEMANN, „Postliminium“, in: *DNP* X, Stuttgart 2001, 220.

G. SCHIEMANN, „Zur Rechtstellung der Soldatenkinder in vor-severischer Zeit“, in H-P. BENÖHR/K. HACKE/R. KNÜTEL/A. WACKE (Hrsg.), *Iuris professio. Festgabe für Max Kaser zum 80. Geburtstag*, Wien/Köln/Graz 1986, 233–244.

L. SCHNORR VON CAROLSFELD, *Geschichte der juristischen Person*, Aalen ^{2}1969.

A.A. SCHILLER, „Sententiae Hadriani de re militari“, in W.G. BECKER/L. SCHNORR V CAROLSFELD (Hrsg.) *Sein und Werden im Recht, Festgabe für Ulrich von Lübtow zum 70. Gebrutstag am 21.August 1970*, Berlin 1971, 295–306.

R.E. SMITH, „The Army Reforms of Septimius Severus”, in: *Historia* 21 (1972), 481–500.

M.A. SPEIDEL, „Roman Army Pay Scales“, in: *JRS* 82 (1992), 87–106.

M.P. SPEIDEL, „Die equites singulares Augusti“, Bonn 1965.

M.P. SPEIDEL, „Entlassungsurkunden des römischen Heeres“, in: *Jahresbericht der Gesellschaft Pro Vindonissa 1990*, Stuttgart 1990, 59–65.

M.P. SPEIDEL, *Guards of the Roman Army*, Bonn 1978.

M.P. SPEIDEL, „The Rise of Ethnic Units in the Roman Imperial Army”, in: *ANRW* II.3, Berlin/New York 1975, 202–231.

C.G. STARR, *The Roman Imperial Navy*, London 1959.

A. STEINWENTER, „Lex Falcidia“, in: *RE* XII, Stuttgart 1925, 2346–2358.

R. TAUBENSCHLAG, „Militärstrafrecht“, in: *RE* XV, Stuttgart 1932, 1668–1671.

S. TREGGIARI, *Roman Marriage. Iusti Coniuges from the Time of Cicero to the Time of Ulpian*, Oxford 1995.

F. VITTINGHOFF, „Zur rechtlichen Stellung der canabae legionis und die Herkunftsangabe castris“, in: *Chiron* 1 (1971), 299–318.

A. WATSON, *The Law of Persons in the Later Roman Republic*, Oxford 1967.

G.R. WATSON, *The Roman Soldier*, London 1969.

G.R. WEBSTER, *The Roman Imperial Army of the First and Second Centuries A.D.*, London 1969.

P. WEIß, „Militärdiplome“, in: *DNP* VIII, Stuttgart 2000, 182–183.

C.M. WELLS, „Celibate Soldiers. Augustus and the Army“, in: *AJAH* 14 (1998), 180–190.

C.M. WELLS, “The Daughters of the Regiment. Sisters ans Wives in the Roman Army”, in: *Roman Frontier Studies 1995* (1997), 571–574.

K-W. WELWEI, *Unfreie im antiken Kriegsdienst III – Rom* , Stuttgart 1988.

L. WENGER, *Die Quellen des römischen Rechts*, Wien 1953.

L. WENGER, „Noch einmal zum Verfahren de plano und pro tribunali“, in: *SZ* 62 (1942), 366–376.

G. WESCH-KLEIN, *Soziale Aspekte des römischen Heerwesens in der Kaiserzeit*, Stuttgart 1998.

G. WESENBERG, „Provincia“, in: *RE* XXIII, Stuttgart 1957, 995–1029.

G. WESENER, „Vicesima hereditatium“, in: *RE* VIII A, Stuttgart 1958, 2471–2477.

F. WIEACKER, *Römische Rechtsgeschichte I*, München 1988.

H. WIELING, *Die Begründung des Sklavenstatus nach ius gentium und ius civile*, Stuttgart 1999 (CRRS I).

H.J. WIELING, *Testamentsauslegung im römischen Recht*, München 1972.

L. WIERSCHOWSKI, *Heer und Wirtschaft. Das römische Heer der Prinzipatszeit als Wirtschaftsfaktor*, Bonn 1984.

R. WILLVONSEDER, „Studium und patria potestas“, in: *Index* 27 (1999), 43–51.

J. WILMANNS–GRUNWALD, „Tauglichkeitskriterien für den römischen Militärdienst“, in: E. GRUNWALD (Hrsg.), *Bewertung der Gesundheit–Beurteilung militärischer Tauglichkeit*, Bonn 1989, 31–50.

H. WOLFF, „Die Entwicklung der Veteranenprivilegien vom Beginn des 1. Jahrhunderts v. Chr. Bis auf Konstantin d. Gr.“, in ECK/WOLFF, *Heer und Integrationspolitik*, 44–115.

H. WOLFF, *Constitutio Antoniniana und Papyrus Gissensis 40 I*, Köln 1976.

H. WOLFF, „Zu den Bürgerrechtsverleihungen an die Kinder von Auxiliaren und Legionaren“, in: *Chiron* 4 (1974), 479–510

Register

Sach-und Personenregister

Quellenregister

Juristische Literatur

Nichtjuristische Literatur

Inschriften und Papyri

Philippika. Marburger altertumskundliche Abhandlungen

Herausgegeben von Joachim Hengstl, Torsten Mattern, Robert Rollinger, Kai Ruffing und Orell Witthuhn

50: Kyle Erickson, Gillian Ramsey (Eds.)

Seleucid Dissolution

The Sinking of the Anchor

2011. 209 pages, 24 ill., 3 maps, 3 tables, 1 diagram, pb
ISBN 978-3-447-06588-7
€ 54,– (D)

The result of the 2008 conference *Seleucid Dissolution: The Sinking of the Anchor* held at the University of Exeter, this volume brings together from around the globe new approaches to the study of the Seleucid empire. The various papers edited by Kyle Erickson and Gillian Ramsey approach the questions of how the empire was held together and how and where the bonds linking the Seleucid rulers with their subjects and territories began to break. Following recent research, the papers go beyond the issue of Greek impact to discuss the empire in its entirety, and they carefully reassess the question of whether the empire was "strong" or "weak". The volume focuses on the themes of political organization, regional responses and problems, the archaeological footprint, the Seleucids' interaction with multiple cultural milieus throughout the empire and their reception in Hellenistic literature, a topic from which they are often excluded. Matching the scope of the empire, it covers several regions and localities that experienced significant cross-cutting processes of political violence, conciliation and cultural interchange, from the Galatian invasions into Asia Minor, to Mesopotamia, Syria, Jerusalem, Iran and Afghanistan. The results of the conference led to a new consideration of the political and cultural structures of the empire and how the Seleucids fit into a *longne durée* model of empires.

51: Robert Rollinger, Martin Lang, Heinz Barta (Hg.)

Strafe und Strafrecht in den antiken Welten

Unter Berücksichtigung von Todesstrafe, Hinrichtung und peinlicher Befragung

2012. XVI, 266 Seiten, 5 Abb., 1 Tabelle, br
ISBN 978-3-447-06657-0
€ 56,– (D)

Der Sammelband *Strafe und Strafrecht* in den antiken Welten versammelt die Akten der nunmehr fünften, im Sommer 2009 gemeinsam von Angehörigen des Instituts für Zivilrecht und des Instituts für Alte Geschichte und Altorientalistik organisierten Tagung aus der Innsbrucker Reihe „Lebend(ig)e Rechtsgeschichte". Die Teilnehmer/innen aus verschiedenen europäischen Ländern und aus Übersee führten einen interdisziplinären Diskurs über altorientalisches (Mesopotamien, Anatolien, Iran, Ägypten) und biblisches, römisches und griechisches sowie frühislamisches Recht.

In den Einzelbeiträgen wird die Überlieferungssituation der relevanten sprachlichen und archäologisch-bildlichen Quellen in den einzelnen Rechtskreisen dargelegt. Die jeweilig fassbaren Methoden der Strafe und die Arten von Schuldformen werden ebenso behandelt wie die schon früh diskutierte Frage nach den Strafzwecken; außerdem die Frage nach möglichen Kontinuitäten und durch Kulturtransfer bedingte Übernahmen.